행복한 미래 설계 프로젝트

마이 제이오비

김철원 지음

"What a wonderful job!" *My J.O.B.*

에피스테메
EPiSTEME

마이 제이오비

ⓒ 김철원, 2013

초판 1쇄 펴낸날 | 2013년 2월 28일

저　자 | 김철원
발행인 | 조남철
발행처 | (사)한국방송통신대학교출판부
　　　　110-500 서울시 종로구 이화장길 54
　　　　전화 02-3668-4764
　　　　팩스 02-741-4570
　　　　홈페이지 http://press.knou.ac.kr
　　　　출판등록 1982년 6월 7일 제1-491호

출판위원장 | 김무홍
편집 | 이명은 · 양영희
편집 디자인 | 티디디자인
표지 디자인 | (주)네오넷코리아
인쇄 | 한국소문사

ISBN 978-89-20-01103-0 03320

값 12,000원

행복한 삶의 원천인 달란트를 주신 그분께 감사드리며,

마이 제이오비의 동기를 주신 사랑하는 부모님과 형제들,

나를 있는 그대로 비춰 주는 거울 순희와

평생 가르침을 주는 우리의 보물들

아론과 정현에게 고마움을 전합니다.

그리고

미래 사회의 주역인

청소년과 대학생 그리고

그들의 부모님, 선생님, 지도자들에게

이 책을 드립니다.

해마다 대학입시가 끝날 무렵이 되면 수험생 자녀를 둔 부모들에게 축하인사를 건네는 모습을 종종 보게 된다. 대부분의 인사말이 "축하합니다. 후련하시겠어요!", "고생 많으셨네요, 얼마나 좋으세요!", "이제 고생 끝나셨네요!" 등이다. 수험생들과 마찬가지로 그 부모들도 모든 고생이 끝난 것처럼 떠들썩한 걸 보면, 어느새 우리나라 사람들의 일생에서 대학입시가 또 하나의 통과의례로 자리 잡은 듯하다.

입시 위주와 취업을 위한 스펙specification 쌓기 식의 교육은 갈수록 대한민국 청소년들의 자존감과 자신감을 잃게 만들었다. 극단적으로 말하자면 우리나라의 교육 현실에서는 아무도 인생에 대한 올바른 진로를 찾는 방법을 터득할 수 없다는 이야기다.

그러다 보니 학교에서 행하는 적성검사나 시중의 수많은 자기계발서 등에 의존하게 되는데, 이런 것들은 오히려 자기 혼돈만 가중

시키는 결과를 가져온다. 자기 자신을 제대로 알지 못하는 상태에서는 아무리 진로에 대한 방향을 알려주어도 확신을 갖지 못하고 현실과 미래 사이에서 헤매기 일쑤이기 때문이다.

산업 현장에서 업무를 수행하면서, 교육 현장에서 많은 학생들을 지도하면서 그리고 자라나는 우리 자녀들을 보면서 미래에 대해 고민하고 설계하는 방법을 모색하던 중에 이렇게 글을 모으게 되었다. 단순한 직업 선택에 대한 조언이 아니라 진정으로 내가 추구하는 행복한 삶, 성공하는 삶을 영위할 수 있는 나만의 직업은 무엇인지 찾을 수 있는 방법을 담아내고자 했다. 그리하여 모든 청춘들이 자신을 바로 알고 이 땅에 태어난 의미를 깨달아 자신의 역할을 충실히 수행함으로써 진정한 행복을 알게 된다면 참으로 고마울 일이다.

『마이 제이오비』에 담긴 글이 우리가 당면하는 문제들을 순간적으로 모면할 수 있게 하는 처세적 요령이 아니라 우리 삶의 궁극적인 목표를 이루게 하는 근본적인 바탕이 되었으면 하는 바람이다.

2013년, 봄 기운이 찾아든 대학로에서
철 교수

차 례

이야기를 시작하면서 ... 04

Part I 제이오비 : 내가 꼭 알아야 할 것 ... 11

1. 운명과도 같은 이야기 ... 12
　　우리들의 현주소 ... 12
　　역할론 ... 23
　　인생 퍼즐 맞추기 ... 26

2. 행복과 성공 ... 31
　　행복한 인생 ... 31
　　성공한 인생 ... 35

3. J.O.B.(Joy of Being) ... 39
　　직업에 대한 진실과 오해 ... 39
　　행복하고 성공적인 직업의 조건 ... 43
　　숨어 있는 제이오비 ... 48

Part 2 제이오비 : 내가 꼭 찾아야 할 것 ... 61

   1. **자기 진단** ... 62
      과거의 내 모습 ... 65
      현재의 내 모습 ... 68
      과거와 현재의 차이 ... 70

   2. **자기 평가** ... 73
      • 제1요소 : 나의 선호 종목은? ... 80
      좋아하는 대상 ... 81
      연관 활동 ... 85
      좋아하는 대상의 본질 ... 88

      • 제2요소 : 나의 성향과 분야 ... 92
      유전적 환경 분석 ... 94
      이상형 탐색 ... 97
      성향 · 분야 10가지 유형 ... 103

      • 제3요소 : 나의 재능은? ... 121
      유전적 환경 분석 ... 122
      재능 10가지 유형 ... 125

   3. **자기 목표** ... 154
      자기 미래 사분면 분석 ... 154
      자기 목표의 해석 ... 163

Part 3   제이오비 : 내가 꼭 해야 할 것 ... 169

    1. 꿈을 내 것으로 만들어라 ... 170

       꿈의 형상 ... 170

       거꾸로 인생 설계 ... 172

       꿈과 현실 ... 175

    2. 미래를 계획하라 ... 179

       인생의 마스터플랜 ... 179

       인생의 4대 기둥 : 강·인·무·재 ... 182

       연간 계획의 수립 ... 186

    3. 지금부터 변화하라 ... 190

       변화하기 ... 190

       관리해야 발전한다 ... 192

       매일 행복이 자라는 백감자 ... 198

    에필로그 ... 205

❖ 마이 제이오비 사용법

누가 읽어야 하나?

– 진로 설계가 필요한 10대에서 30대에 이르는 젊은이들

– 조력자 역할을 하는 부모와 교사 그리고 모든 조직의 리더들

❖ 책의 구성과 활용

3개의 파트는 각 단계마다 핵심 내용을 이해하고 수용해야만 다음 단계로 넘어갈 수 있고 그래야만 자신의 꿈을 설계할 수 있도록 구성되어 있다.

Part I : 공감	Part II : 탐색	Part III : 변화
시대의 변화 행복과 성공 역할과 직업	자신의 인식 좋아하는 것 성향과 재능	변화의 방향 구체적 목표 실천력

본문에 그림이나 도표와 더불어 각종 워크시트를 마련하여 스스로 자기 진단 작업을 병행할 수 있도록 했다.

❖ 읽고 또 읽고

마이 제이오비를 통해 자신의 미래를 설계했다면 그 후 5년, 10년 단위로 재차 읽어 보고 지난 기간 동안 꿈을 위해 추진한 과정을 피드백하고 더 큰 꿈을 향해 지속적으로 업그레이드해 나간다.

Part 1

제이오비 :
내가 꼭 알아야 할 것

1. 운명과도 같은 이야기
2. 행복과 성공
3. J.O.B.(Joy of Being)

운명과도 같은 이야기

❀ 우리들의 현주소

대학 1년을 마친 A양은 지방에서 태어나 고등학교를 마친 후 다른 중소도시 소재 대학에 입학했다. 친구와 함께 학교 근처에서 자취를 하며 유학을 하고 있는 셈이다. 시험성적에 맞춰 하향지원을 한 결과 안정적으로 합격할 수 있었다. 부모님과 고향 친지들의 축하를 받으며 생소한 대학에 왔지만 모든 것이 낯설기만 했다.

1년 동안 뭐가 뭔지도 모른 채 하라는 대로 수강신청을 해서 수업을 듣고 리포트도 쓰고 시험도 봐서 학점을 받았다. 친구와 선배도 생겨서 자주 어울리기도 했는데, 정작 자기가 다니는 학과에 대해서는 자꾸 회의가 든다. 수업도 어렵거나 흥미가 없어 뭘 배우는지 모르겠고 선배들 분위기로 봐서는 취업도 어려운 모양이다. 아직은 취업이 나중 일로 느껴져서 큰 걱정은 안 하지만 뭔가 기대했던 대학생활은 분명 아닌 것 같다. 이대로 다녀야 할지 아니면 어떤 다른 일을 해야 할지 고민이 많다.

✳   ✳   ✳

대학에 있으면서 위와 같은 사례의 학생들이 상상을 초월할 정도로 많다는 사실에 놀라기보다는 큰 걱정이 앞섰다. 학생들의 고민도 그렇지만 그들의 부모들은 과연 이런 사실을 알기나 할까라는 우려에서였다. 대학입시 일변도인 우리나라 교육 현장에서 최대 피해자들은 청소년들이다. 자신의 재능이나 관심과는 전혀 무관하게 입시정책에 따라 점수를 맞춰 대학에 가기 급급하다 보니, 대학에 합격했다고 좋아할 일만은 아니다.

불과 수십 년 전만 해도 대학만 나오면 취직 걱정할 것 없이 안정된 직장을 얻어 평생 먹고살 수 있었지만 지금은 상황이 달라졌다. 그럼에도 불구하고 기성세대들의 머릿속에는 아직도 대학이 인생에서 가장 중요한 출발점으로 자리 잡고 있다. 과연 현실도 그럴까?

취업을 위해 졸업을 유보하거나 대학원에 진학하는 등 청년실업이 심각한 사회 문제로 이어진다. 다행히 취업을 했어도 자신의 적성이나 능력에 맞지 않아 조기 이직을 하는 경우가 잦고, 더 나아가 청년들의 방황은 결국 40대 전후에 직장을 떠나게 되면서 또 다른 직업을 찾아 전전하는 힘든 삶으로 이어지게 된다.

우리나라에서 대학입시가 그만큼 강조되다 보니 마치 중·고등학교 과정이 가장 문제가 많은 것처럼 알려져 있지만, 실상 대학교육이 매우 위험한 실정이다. 대학생들의 교육 환경은 세 가지 측면에서 방치되고 있다.

첫째, 자녀를 대학에 보내고 나면 마음을 놓는 부모들이 있다. 대학생이 되었으니 알아서 하겠지 하는 마음에 손을 놓게 된다. 그러나 시대가 바뀐 것을 명심해야 한다. 과거의 대학생처럼 자기 인생에 책임을 질 수 있을 만큼 성숙하지 못한 것이 요즘의 청년들이다. 몸은 성숙했지만 정신은 아직도 어린애에 불과한 경우가 대부분이다. 과거 20대의 모습은 지금의 30대에서나 찾아볼 수 있을 만큼 시대가 변한 것이지 자녀들에게 문제가 있어 그런 것만은 아니라는 이해도 필요하다.

둘째, 대학에서 방치하고 있다. 대학 교수들은 교육과 연구 그리고 교내외 봉사에 대한 업무를 하게 되는데, 교육은 전공 교과목의 전문지식을 가르치는 데에 국한되고 정작 학생들의 인성이나 진로 등에 대한 상담교육은 전무하다고 할 정도로 형식적인 안내에 그치고 있다. 학생지도보다는 연구업무에 더욱 치중할 수밖에 없는 현실도 무시할 수 없다.

셋째, 사회가 방치하고 있다. 요즘 대학생들은 과거에 비해 외형적으로는 성숙하지만 내면적으로는 미숙한 면이 많다. 부모 세대는 성인으로서 사회 구성원의 역할을 충분히 했지만 요즘에는 어린 학생에 불과하다. 그러다 보니 각종 사건·사고에 많이 노출되는 것도 대학생들이다.

그리고 지역 간의 불균형 문제도 심각하다. 서울과 지방의 격차는 갈수록 심화되어 같은 대학생이라고 해도 그 경쟁력은 큰 차이를 보인다. 요즘에는 외국 유학이나 연수 등의 기회도 많아 유학파, 서울, 지방 등의 구도로 그 경쟁 양상은 더욱 심화되는 실정이다.

세계 속의 강남 스타일, 그 진실은?

서울의 강남 한복판을 보면 뉴욕에 와 있는지 런던에 와 있는지 구분이 안 될 정도로 번화한 위용을 과시하고 있다. 이미 세계 속의 강남이 되어 버리지 않았는가.

미국의 대도시를 가 보아도 10년 전이나 지금이나 변한 것이 없어 보이는데 서울의 고급화는 그 끝을 가늠하기 어려울 정도이다.

이렇게 발전하는 우리나라에 등장한 '이태백'이며 '사오정', '88만원 세대' 등 신조어들의 정체는 무엇이며 과연 그것들이 휘황찬란한 강남 스타일에 어울리기나 한 말인가 의심스럽다.

나날이 발전하는 외형과는 달리 그 속은 타들어 가고 있는 요즘 시대의 젊은이들은 과연 어떻게 살아가야 할 것인가? 어떤 이들은 이렇게 말할지도 모른다. 요즘 젊은이들은 나약하기 짝이 없고 기성세대가 노력했던 것에 비하면 절반에도 못 미친다고. 하지만 그들이 노력을 더 하면 더 했지 놀고먹기만 하는 것이 아니다.

　오늘날 대학생들은 입시를 마치고 불과 4년 후에 다시 취업준비라는 더 큰 산에 가로막히게 된다. 취업에도 대학입시와 마찬가지로 영어점수, 학점, 자기소개서 등 마치 내신과 수능시험 점수, 논술시험을 준비하듯 이름만 다른 동일한 점수 경쟁을 해야만 한다.

　예전처럼 대학졸업장만 있으면 일자리를 얻던 시대가 아니므로, 더 좋은 스펙을 얻기 위해 불철주야 노력해야 한다. 공부해야 할 것도 더 많고 각양각색이다. 영어시험만 보는 것이 아니라 영어로 발표도 해야 하고 철학적인 우문에 명쾌한 현답도 만들어 내야 하는 것이다.

　주요 과목 몇 개만 잘하면 되던 과거와 달리 선행학습도 해야 하고 자주 바뀌는 입시제도에 맞춰서 합격을 위한 전략까지 생각해야 하는 시대이다. 어릴 적 동네 골목에서 놀이를 하며 보내던 자유시간마저 이제는 돈을 주고 학원에서 보내야 하는 시대이니, 청소년들이 얼마나 힘이 들지 가히 상상이 된다.

소위 좋은 대학에 자녀를 보내기 위해서는 엄마의 정보력, 할아버지의 경제력, 그리고 아빠의 무관심이 필요하다는 서글픈 농담마저 진지하게 들릴 만큼 시대가 변했다. 혹자는 '개천에서 용 나는 건 옛말'이라며 노력만이 능사가 아니라고 하니, 젊은이들에게 희망을 주기는커녕 절망감을 부추기고 있는 셈이다.

아무리 노력을 해도 집안의 경제력이 받쳐 주지 못하면 출세하기 어려운 세상이라고 한다. 태어나면서부터 사교육이 필요하다고 할 정도로 우리나라는 교육에 대한 투자가 가히 금메달감이다. 누구는 하고 누구는 못 하는 양적 불평등 시대에서 이제는 누구나 다 하는데 경제력이 뛰어나면 더 좋은 것을 할 수 있는 질적 불평등의 시대가 된 것이다. 이는 개인의 의지와 노력만으로는 극복할 수 없는 부분이다. 그러면 태생적으로 여기에서 소외된 집단은 어떻게 해야 한단 말인가.

부모를 위한 메시지 - 명품교육 B.M.W.

명품을 좋아하는 사람들이 많아졌다. 자식을 둔 부모라면 누구든지 자기 자식이 명품처럼 빛나길 바랄 것이다. 자녀를 꼭 명품처럼 키운다기보다 명품처럼 소중하게 키우기 위해서 필요한 세 가지가 바로 B.M.W.이다. 이 세 가지를 명심한다면 우리 자녀들은 모두 명품으로 거듭나 그 가치를 세상에 빛낼 것이다.

- Believe your kids

자녀를 무조건 믿으라. 어느 한순간이라도 자녀를 의심한다면 당신의 자녀는 명품이 될 수 없다. 처음부터 끝까지 무조건 믿으면 모든 것이 이루어진다.

- Motivate your kids

절대로 자녀에게 답을 주려고 하거나 움직이게 하지 말라. 그러는 순간 자녀들은 반대로 하기 마련이다. 자녀들에게 효과적인 동기는 바로 부모들의 진실된 모습이다. 부모가 각자의 역할에 최선의 노력을 하는 모습이야말로 자녀들에게 최고의 동기부여가 되기 때문이다.

- Wait for your kids

자녀들을 위해 기다려 주라. 자녀들의 변화를 원한다면 무조건 믿고 자기 역할에 최선을 다한 후에 비로소 기다려야 한다. 언제까지 기다려야 하는지 묻는 부모들이 많은데, 그에 대한 정답은 자녀들이 변할 때까지 기다리라는 것이다.

사랑으로 자녀를 믿고 부모의 역할에 최선을 다하고 기다린다면 당신의 자녀는 어느새 명품으로 우뚝 서 있을 것이다.

'엄친아'와 '엄친딸'과 같은 신조어는 주위의 부러움을 살 만큼 우수한 능력을 갖춘 젊은이들을 일컫는 말이었다. 하지만 매스컴을 통해 집안 좋고 인물 좋고 실력도 좋은 사람들로 워낙 많이 알려지다 보니, 이제는 얼핏 자기 스스로의 능력보다는 타고난 행운에 의해 만들어지는 것 같다는 생각이 든다. 그래서 여러 방송을 보다 보면 자칫 상대적 박탈감으로 주눅이 들기 십상이다.

K씨는 누가 봐도 부러울 것이 없을 정도로 출세하신 분인데, 어

느 날인가 상담을 의뢰해 왔다. 무슨 고민이 있을까 했더니 역시 자녀 문제였다. '엄친아' 소리를 들으며 손꼽히는 명문대학을 졸업한 아들이 재학 중에 시작했던 초등학생 과외를 지금까지도 계속하면서 취업할 생각을 하지 않는다는 것이었다. 남부러울 것 없던 부모는 한 달 월급으로 혼자 자취생활을 하면서 좋아하는 컴퓨터 게임에 빠져 사는 아들의 모습을 보면 매일 애가 타는 심정이라고 했다.

명문대학에 보냈다고 과연 부모들이 자녀에 대한 걱정으로부터 해방될 수 있을까? 대학에 입학하는 것만으로 안도하던 시대는 지나갔다. 부모들에게는 미안한 말이지만 '고3 수험생 부모'에서 이제는 '대4 취업준비생 부모'로 연장근무라도 해야 할 판이다. 앞으로 10년 후에는 또 어떤 준비생 부모로서 연장근무를 해야 할지 두렵기도 할 것이다. 이리저리 둘러봐도 세상은 정말 요지경 속이다.

그럼에도 불구하고, 살아가기 힘든 세상이 되었다고 너무 비관할 필요는 없다. 세상이 살기 어렵다고 해도 성공하는 방법이 반드시 있기 마련이다. 왜냐하면 기회는 누구에게나 평등하기 때문이다. 오해하지 말고 들어야 할 것이 바로 여기서 말하는 기회란 '재능적 기회'를 말한다는 사실이다.

소위 잘나가는 사람들에게만 주어지는 불공평한 기회가 아니라 누구에게나 펼칠 수 있는 재능이 균등하게 잠재되어 있다는 뜻이다. 그렇기 때문에 잘못되어 가는 사회를 탓할 것이 아니라 자신에게 이미 주어진 재능의 기회를 제대로 살리지 못하는 자신을 탓해야 한다. 아니, 자신을 탓할 시간도 부족하다. 그 시간에 자신을 바로 알고 자신의 길을 선택하여 도전하는 자만이 행복과 성공을 얻게 되는 것이다.

앞으로 전개되는 내용이 여러분 인생에 도움이 될지 그렇지 않을지는 순전히 여러분 마음가짐에 달려 있다. 『마이 제이오비』는 내용을 읽고 공감하는 수준의 책이 아니라 교재처럼 활용해야 할 책이다. 이 책의 목적은 단순히 메시지를 전달하는 데 그치지 않고 청년들의 미래를 설계해 주려는 데 있다. 그러므로 책을 읽고 생각하고 고민하는 학습과정을 거쳐야만 자신의 꿈이 담긴 미래를 설계할 수 있을 것이다.

✿ 역할론

옛말에 "제 밥그릇은 다 갖고 태어난다"고 한다. 일단 태어나기만 하면 자기가 먹고사는 것은 어찌되든 간에 해결된다는 뜻이다. 그러나 여기에서는 그런 의미로 해석하기보다는 누구든 이 세상에서 각자 해야 할 일이 이미 정해져 나온다는 뜻으로 해석하고 싶다. 그렇다고 해서 운명이니 팔자소관이니 하면서 신세한탄을 하거나 자포자기하는 식으로 받아들이라는 뜻은 절대로 아니니 오해하지 말아야 한다.

신생아실에 가 보면 갓 태어난 사랑스러운 아기들이 한결같은 모습으로 누워 있다. 얼핏 보면 다 같은 모습이지만 그들의 미래를 상상해 보면 각양각색의 역할을 맡아 하고 있을 모습이 그려진다. 물론 그 역할이 행복에 겨운 사람도 있을 테고 마지못해 하는 사

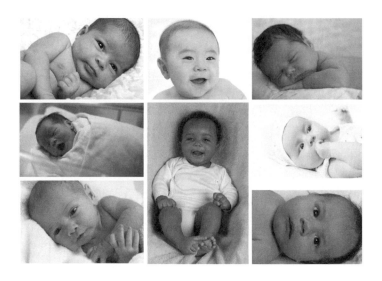

람, 하고 싶어도 못 해서 가슴 아픈 사람 등 실로 다양할 것이다.

　이처럼 태어날 때에는 같은 모습이었던 아기들이 왜 수십 년이 흐른 후에는 각양각색의 모습으로 변하고 심지어 행복감마저 차이가 나는 것일까. 이것은 각자의 환경이나 노력과 같은 많은 변수들이 어떻게 작용했는가에 따라 다르겠지만, 정작 행복과 연관 지어 볼 때 자기 역할에 대한 이해와 수용 그리고 준비를 얼마만큼 충실히 했는가에 따라 달라지기 때문이다.

이 세상 모든 사람들에게는 각자에게 주어진 '달란트'가 있으며, 그것이 바로 그 사람이 세상을 살아가면서 반드시 기여해야 할 사명이기도 하다. 그리고 나에게 주어진 사명은 무엇인지 깨닫고 그것을 준비하여 펼쳐 내는 모든 과정이 바로 '마이 제이오비'의 핵심이다.

이 세상에는 자기가 해야 할 역할을 제대로 찾아 해내는 행복한 사람도 있고, 자기 역할이 아님에도 불구하고 돈이나 권력, 명예욕 등을 좇아 직업 활동을 하는 사람도 있다. 실제로 직업 활동만 놓고 본다면 이 세상에는 행복한 사람보다 불행한 사람이 훨씬 더 많다는 것을 알 수 있다.

현명한 사람이라면 어떻게 해야 행복한 직업 활동을 할 수 있는지 벌써 눈치챘을 것이다. 자신의 역할이 무엇인지 찾아내고 그것을 받아들여 준비하고 보다 많은 사람들에게 공헌하는 삶이 바로 행복한 직업 활동인 것을 말이다.

✿ 인생 퍼즐 맞추기

청소년기를 지나 사회에 진출할 무렵이 되면 인생에 대해서 차츰 생각이 많아진다. 그만큼 인생에 대한 경험을 하기 시작했기 때문이다. 자연의 섭리라고나 할까, 인생에 대해서만큼은 왕도가 없다. 자기가 살아 본 만큼 알게 되는 것이 인생이라서 결코 남의 경험으로 내 인생을 대신할 수 없는 법이다.

나이가 들어 깨우친 인생의 노하우를 자손들에게 일러 주어 그들만큼은 시행착오를 겪지 않게 하고 싶은 것이 부모들의 한결같은 마음이다. 그러나 안타깝게도 자식들은 귀담아들으려 하지 않는다. 아무리 부모가 타일러도 직접 겪어 보지 않고서는 받아들여지지 않는 우매함이 강한 것을 누가 탓할 수 있겠는가. 정작 나이가 들면서 어른들의 말씀이 얼마나 지당한지 통감할 때가 되면 주위에서 "그 나이가 되니 이제 철이 드는가보다"라고 할 정도로 깨달음이 늦는 게 우리네 어리석은 인생인가 보다.

청소년 시절부터 현명하게 살면 인생 후반에 후회하지 않을 텐데 정작 무엇이 문제라서 안 되는 것일까? 가장 큰 이유는 누군가

부모에 대한 불편한 진실

사실 부모와 자식 사이는 공평하지 못한 구조를 갖고 있다. 먼저 삶을 경험한 부모들은 자식들의 답을 좀처럼 기다려 주지 않는다. 부모들은 이미 해본 것이라 답을 알고 있고 후회도 했으면서 정작 자식들에게는 그것을 깨달을 경험조차 허락하지 않는다. 자식을 너무도 사랑하는 부모 마음이 다 그런 거라고 하지만 자식들은 그것을 이해할 수 없다. 자신이 부모가 되지 않는 한은 말이다.

미리 알려 주지 않는다는 것이다. 어떻게 해야 내 역할을 찾을 수 있는지 구체적인 방법을 모르기 때문이기도 하고, 주변에서 방치하거나 혹은 시행착오적 오류를 극복하지 못한 탓이기도 하다.

또한 많은 사람들이 저지르는 오류 중 하나는 자신의 욕심이 지나쳐서 그럴 수 있다는 것이다. 현실을 인정하지 않고 이상만 추구한 나머지 자기에게 적합하지 않은 일을 하게 되는 경우가 대부분이다. 아니면 그 사람의 환경적인 제약으로 인해 구속이 많은 경우인데, 예를 들면 생계 문제로 어쩔 수 없이 선택한 직업이라든가,

어릴 적 집안이 어려워서 제대로 된 교육이나 지원을 받지 못한 경우 또는 집안의 성향에 의해 선택의 여지없이 자라게 되는 경우 등이 있다.

이렇게 자신의 역할과 동떨어진 일을 한 사람들은 자신을 돌이켜볼 줄 아는 나이가 될 즈음에 불행함을 깨닫고 후회하는 경우가 많으며 심지어 그것이 한으로 남기도 한다. 그래서 '다음 생에는 꼭 이래야지' 하는 탄식이나 '내 자식만큼은 절대로!' 하는 등의 집착으로 불행의 악순환을 하게 되는 것이다.

퍼즐게임을 즐기고 잘하는 사람들의 요령을 보면 우선 전체 그림을 확인하고 머릿속에 그 모습을 떠올리며 작은 조각들을 맞추기 시작한다. 인생도 퍼즐게임과 다를 바가 없다. 잘 맞추어 가는 과정이 바로 행복이라고 생각한다.

'어쨌든 맞춰서 다행이다' 하는 사람은 그 과정이 무척 힘들고 때로는 짜증이 날 수도 있어서 다시는 하고 싶지 않을 것이다. 퍼즐 맞추기가 목표였기 때문이다. 그러나 그림을 생각하며 맞춰 나가는 사람은 한 조각 한 조각 찾아가는 재미가 무척이나 쏠쏠하다. 완성된 그림을 보는 것보다 맞춰 가는 과정이 재미있다.

인생 퍼즐도 마찬가지이다. 우선 큰 그림을 그린 후에 그 그림을 머릿속에 떠올리며 한 걸음 한 걸음 밟아 가는 과정이다. 자기 인생에 대한 큰 그림이 없다면 자기가 목표로 하는 직업을 위해 준비하는 과정이 얼마나 고통스럽고 지겨울 것인가?

설령 목표를 달성했다고 해도 두 번 다시 돌아보기 싫을 정도로 성취감보다는 허탈함이 밀려오는 이유도 바로 그 때문이다. 자기 인생의 큰 그림을 확보하는 것이 바로 행복의 첫걸음인 셈이다. 그리고 행복은 그 그림을 완성했을 때 얻어지는 것이 아니라, 그림을 맞춰 가기 시작했을 때부터 이미 자기 안에 함께하고 있는 것이다.

- 누구에게나 타고나는 재능이 있고 그것을 펼칠 기회는 평등하다.

- 세상에는 내가 해야 할 역할이 반드시 있다. 그것을 찾아 해내는 것이 내가 세상에 태어난 이유이며 사명이다.

- 내 인생의 큰 그림을 찾아낸 후에 퍼즐 조각을 맞춰 가는 것이 행복한 인생의 첫걸음이다.

2 행복과 성공

✿ 행복한 인생

　세상 사람들 중에서 행복을 원하지 않는 사람이 과연 있을까? 서로의 생각에 차이만 있을 뿐 행복을 마다할 사람은 아무도 없을 것이다. 모든 인류가 추구하는 삶의 목표가 바로 행복인데, 주위를 둘러봐도 행복에 겨워하는 사람은 찾아보기가 쉽지 않다. 행복하고 싶은데 행복하지 않은 것이 가장 큰 모순이 아닐까 싶고, 세상에는 소위 행복전도사라고 하는 전문가도 많은데 어째서 행복해지는 것이 어려울까 그저 궁금할 따름이다.

　언젠가 학생들과 식사할 기회가 있었는데 주문한 음식이 나오자

옆에 있던 학생이 나지막하게 말했다. "아, 행복하다." 그 말을 듣는 순간 '한 끼 식사에서 행복을 느끼는 이 학생은 정말 행복한 것일까? 아니면 행복이라는 개념이 내가 알고 있는 것과 다른 것일까?' 하는 생각을 하게 되었다. 과연 행복은 무엇일까?

❋   ❋   ❋

행복에 대한 정의는 실로 다양하다. 혹자는 일상의 소소함에서도 느낄 수 있어야 한다고 주장하는가 하면, 모두가 함께 느껴야 비로소 행복이라는 견해도 있다. 이 책에서는 행복의 개념적 정의에 대해서는 다루지 않는다. 왜냐하면 행복이라는 개념 정의에 집중하다 보면 오히려 행복과는 멀어지기 때문이다. 행복에 대해서는 우리 각자의 마음속에서 생각하는 바로 그 행복으로 정의하도록 하자.

행복이라는 것이 워낙 추상적이고 그 실체를 확인하기 어려워서 그런지 현실에서 멀리 떨어져 있는 것만 같다. 그래서 항상 행복을 이야기할 때에는 지금보다는 미래지향적으로 말하는 경향이 있다.

이렇게 하면 행복해질 수 있다거나 행복을 위해서 무엇을 해야 한다는 식으로 지금은 행복하지 않다는 것을 전제로 하고 말한다.

많은 사람들이 행복하지 못한 이유가 바로 여기에 있다. 나중에 행복해지려고 온갖 노력을 하려다 보니 평생토록 지금 당장은 행복할 수 없는 것이다. 진정한 행복은 지금 이 순간에 행복할 수 있어야 하며 그러기 위해서는 행복의 조건들을 알고 있어야 한다.

행복을 위한 조건은 많지만 가장 대표적인 것은 자기 자신이 중심이 되어야 한다는 것이다. 행복을 위한 많은 노력이 궁극적으로 자기 자신에게 초점이 맞춰져 있어야 한다. 이것은 이기적인 사람이 되라는 말이 아니라 행복한 순간에는 반드시 자기가 중심에 있음을 느껴야 한다는 것이다.

어려운 사람들을 도와주고 행복을 느끼는 사람은 아름답다. 그 순간에도 도와준 사람은 자기가 남을 도와줄 수 있어서 행복해야 한다. 어려운 사람들이 고통을 덜어서 좋겠다는 생각에 행복한 것이 아니라, 자기 자신의 노력으로 그런 결과가 만들어진다는 사실에 행복해야 한다. 자신에게 그런 능력이 있다는 것은 감사해야 할 일이고, 그것이 행복감을 느끼게 해 주기 때문이다.

행복이 항상 자기 가운데 있게 하려면 먼저 자기 자신에 대해 잘 알고 있어야 한다. 불행한 사람들의 공통점은 자신감과 자존감이 결여되어 있다는 것이다. 즉, 자기 자신에 대해 그만큼 모르고 있기 때문에 제 능력을 발휘하면서 자신을 느낄 기회를 만들지 못하는 것이다. 주위를 보면 출세했다는 사람들에게서 행복의 기운을 느끼지 못할 때가 많다. 서울 강남에서 병원을 운영하는 지인이 자기는 돈만 벌어다 주는 기계라고 한탄하는 모습을 보면서, 자신을 바로 알기보다는 출세만을 인생의 목표로 삼고 노력하여 얻은 열매는 결코 달콤하지만은 않다는 생각이 들었다.

젊은 시절에는 행복보다는 출세의 유혹에 흔들리기 마련이다. 출세를 하면 당연히 행복해질 거라는 생각에 많은 욕심을 부리기도 한다. 그러나 행복은 출세하여 모든 욕구를 충족하고 나면 비로소 얻어지는 결과물이 아니다. 오히려 시작부터 함께 따라다니는 그림자와도 같다. 항상 내 뒤에 있지만 남의 것만 보느라 정작 내 것은 느끼지 못하는 그림자 말이다.

내 그림자를 보기 위해서는 내 자신에 집중하고 주위를 살펴봐야 한다. 이처럼 자기 자신을 바로 알고 그에 어울리는 삶을 살아갈 때 비로소 행복이라는 그림자를 보게 될 것이다.

✳ 성공한 인생

오랜만에 동창회를 가 보면 옛 친구들의 소식을 접하게 된다. 늘 만나는 친구들이라면 세상 돌아가는 소식이 화젯거리지만 소식이 뜸하다면 안부를 묻게 된다. 그럴 때 주로 듣는 소리가 "그 친구 엄청 출세했어" 아니면 "성공했지" 등이다. 물론 반대의 경우도 있지만.

과연 출세는 무엇이고 성공은 무슨 의미일까? 단어 자체의 한자 풀이를 보면 세상[世]에 나온다[出]는 것이고 공(功)을 이룬다[成]는 것인데, 결국 세상이 알아줄 정도가 되고 누군가에게 도움이 될 법한 일을 해냈다는 뜻이리라. 그래서 인류에게 가장 큰 공을 이룬 것은 성스러운 업적이라 할 수 있기에 '성공(成功)'을 '聖功'이라고 표기하고 싶다.

그렇다면 과연 어느 정도를 이루어야 성공했다고 할 수 있는 건지 궁금하다. 사회와 인류에게 얼마나 많은 공을 베풀 수 있었는지에 따라 성공의 척도를 평가할 수 있으므로 성공의 기준은 자기 스스로 정하는 것이 중요하다. 자기 인생에서 얼마만큼 성공할 것인가 하는 것은 자신의 인생을 설계할 때 매우 중요하며 자신의 꿈과도 밀접한 관계가 있다.

어린 시절에 자기 목표를 의사라는 특정 직업에 두는 사람과 세계 인류를 질병에서 벗어나게 해 주려는 구체적인 목표를 갖고 있는 사람은 훗날 성공에 대한 평가가 하늘과 땅처럼 분명할 것이다.

인생에서 성공이라는 것은 누구에게나 열려 있는 문이다. 자신이 선택해서 들어가면 되는 것인데, 이 문에 들어설 때 반드시 동반해야 하는 것이 바로 행복이다. 성공의 문으로 들어가 얼마나 큰 열매를 맺을 것인가는 바로 행복이라는 밑거름을 지니고 있는지 여부에 따라 달라진다.

행복을 바탕으로 성공을 거두는 것은 실로 아름다운 일이다. 하지만 행복이 없는 상태로 오로지 큰 성공만을 이루었다면 그것은 얼마나 슬픈 일인지 모른다. 결국 성공은 행복이라는 밑거름을 통하여 무한한 힘을 얻고 그에 상응하는 결과를 보여 준다.

Key note

- 행복은 자신을 바로 알고 자신이 중심이 되어 살아 갈 때 비로소 나타나는 동반자

- 성공은 행복이라는 엔진을 달고 달려가는 인생의 종착역

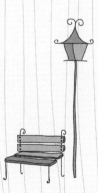

3 J.O.B.(Joy of Being)

✤ 직업에 대한 진실과 오해

좋은 대학을 가야 좋은 직장에 들어갈 수 있고 그래야 출세를 한다는 마치 공식과도 같은 이야기가 옛말이 되어 버렸으면 좋겠다. 이미 세상은 변해 가고 있는데도 여전히 우리 사회는 과거의 굴레에서 벗어나지 못하고 있다. 그러다 보니 대부분의 젊은이들이 대학교육을 받을 정도로 양적인 교육 수준은 높아졌지만 상대적으로 질적 수준은 그에 미치지 못하는 실정이다.

대학을 졸업하고 곧바로 취직하여 사회 활동을 하던 예전에 비해 요즘은 졸업하고도 취업을 하지 못해 재수를 하거나 아니면 대학원에 진학하려는 젊은이들이 늘어났다. 그를 위한 방편으로 졸업을 유보하려고 휴학하는 기현상까지 나타나고 있으며, 대학에서도 날로 증가하는 대학원생들을 위해 정원을 늘리는 등 고학력의 유휴 인력들이 대거 양산되는 시대가 도래했다.

명문대학에만 입학하면 취업과 미래가 보장되던 시대에서 이제는 대학을 졸업해도 취업이 어려운 시대가 되다 보니 상아탑으로 상징되던 대학이 취업을 위한 준비과정으로 전락하고 말았다. 이론적으로는 자아실현을 위한 활동인 직업이 이제는 생계를 위한 수단이 된 삭막한 시대인 셈이다.

아무리 시대가 어렵고 혼란스럽다고 해도 사람들은 직업 활동을 통해 행복해야 하고, 사회에 큰 기여를 해야 하는 것만은 분명하다. 내 코가 석 자라고 눈앞의 것에만 급급하다 보면 얼마 지나지 않아 또 다른 한계에 봉착하게 되고 그러한 악순환이 계속되면서 인생의 낙오자가 되기도 한다.

직업은 어떤 자리[職]에서 어떤 활동을 영위[業]해 나가는 것인가를 나타내 준다. 대부분의 사람들은 어떤 자리에 있을 것인가에 연연해하기 때문에 사실상 더욱 중요한 업(業)에 대해서는 소홀히 하는 경향이 있다. 그렇게 되면 여러 직업을 전전해도 여전히 무미건조한 일상이 계속되고 발전하기가 어려워진다.

그러므로 직업을 뜻하는 단어 'job'은 이렇게 풀어서 그 본질을 이해해야 한다. Joy of Being, 즉 '존재하는 것의 즐거움'이라고 해석할 수 있는데 이것은 올바른 직업의 전제 조건이기도 하다.

*   *   *

나에게 가장 적합한 직업이 되기 위해서는 두 가지 조건이 있다. 첫째로는 업무 활동을 하면서 반드시 자신의 존재감을 충만하게 느낄 수 있어야 하고, 둘째로는 그 존재감으로 인해 업무 활동이 즐거워야 한다. 이른바 천직이라고 하는 것이 바로 이런 두 가지 조건을 충족하고 있다. 세상에 자기가 하는 일이 천직임을 깨달은 사람 중에 즐겁고 행복하지 않은 이는 없을 것이다. 하늘이 내게 내려준 일이라고 받아들인다는 것은 결국 그 일을 하는 내내 자신의 존재를 깨달아 인정하고 그로써 더할 나위 없이 즐거운 경지에 올랐다는 증거이다.

시내버스 운전기사로 반평생을 바친 A씨는 하루하루가 행복하다. 출근하면서도 행복하고 세차를 하면서도 행복하다. 운행 중에도 승객들에게 건네는 인사말이 흥겨울 정도로 행복하다. 동료나 후배 기사들 중에는 '힘들어서 못 해 먹겠다'는 식으로 불만이 많은 경우가 대부분이다. 같은 일을 하면서 A씨만 유독 행복한 것은 왜 그럴까? 버스를 운전하는 직업을 갖는 것과 사람들이 원하는 곳까지 데려다 주는 봉사라는 일을 하는 것은 분명 다를 것이다. A씨는 매일 사람들에게 봉사하는 마음으로 운전대를 잡는다고 한다. 자신의 도움을 필요로 하는 사람들이 이렇게 많다는 사실에 뿌듯한 사명감이 자신의 존재감을 높여 주고 일하는 내내 즐거울 수 있다는 것이다. 이처럼 직업에 대한 생각만 바꿔도 충분히 가능한 일이다.

과연 당신은 생계 마련에 급급해서 혹은 출세와 명예욕에 눈이 어두워 선택하는 직업과 자기 존재를 일깨워 주고 거기에 즐거움까지 더해 주는 직업 중에 어느 것을 선택할 것인가? 유치원생들도 선뜻 가려낼 수 있을 만큼 쉬운 문제이지만 정작 직업을 구하는 시점에서 당신은 어떤 선택을 하게 될 것인지 상상해 보라.

✿ 행복하고 성공적인 직업의 조건

J.O.B.의 정의에서 얘기한 것과 같이 자신의 존재감을 인식하고 그로 인해 즐거워야 하는 것이 나에게 천생연분과도 같은 직업이 되는 것이다. 모든 사람이 추구하는 인생의 목표 중에 대표적인 것이 바로 행복이고 성공일 것이다. 지금까지 말한 것처럼 내가 태어나면서 부여받은 사명을 다하기 위해 형식을 빌려 활동하는 것이 바로 직업이다. 우리 인생에서 직업 활동이 모든 것을 차지하는 것은 아니지만 행복과 성공에 직결된 만큼 영향력은 매우 크다.

그렇다면 나를 위한 행복한 직업은 무엇이고 어떻게 해야 성공하는 것일까? 앞에서 사명에 대해 설명했듯이 모든 사람들에게 부여된 업은 분명히 존재한다. 행복함의 기준은 자기에게 주어진 업을 찾았는지 못 찾았는지에 달려 있다. 자기 일생에 걸쳐 즐겁게 해야 할 일을 찾은 사람은 행복할 것이기 때문이다.

자신이 평생 즐겁게 영위할 수 있는 업에는 두 가지 조건이 있다. 우선 자신이 가장 좋아하는 일이어야 하고 다음은 자신이 제일 잘할 수 있는 일이어야 한다. 이 두 가지 조건이 상통하는 분야에서의 업무 활동이 구체화될 때 비로소 직업의 형태를 갖추게 되고 그 직업이 바로 당신의 천직, My J.O.B.인 것이다.

한때 전 국민의 배꼽을 잡게 했던 코미디언 L씨는 어려서부터 코미디 프로를 빼놓지 않고 볼 정도로 좋아했다. 학교를 다니면서도 소풍이나 오락시간에는 늘 앞에 나가서 사회도 보고 코미디언 흉내를 내면서 친구들을 재미있게 해 주었다. 지금은 은퇴를 하고도 종종 초청 강연이나 재미있는 글을 쓰면서 여전히 대중들에게 웃음과 재미를 주고 있다. 자신의 삶을 돌아보면서 참 행복하다고 말하는 L씨는 같은 길을 걷던 동료나 후배들 중에는 불행한 사람들이 많았다고 전한다. 인기 있는 직업으로 떠오르면서 능력이 안 되는데도 단순히 자신이 좋아한다는 이유로 마치 불나방처럼 뛰어든 사람들은 끝내 불행하게 되더라는 것이다. 단순히 좋아하거나 끼가 있어서 들어온 사람들은 잠깐 동안의 전성기를 지내고는 사라지고 만다. 자신이 좋아하면서 재능이 함께 어우러지는 일을 했을 때 그것이 자기의 천직임을 나중에서야 비로소 느끼게 된다.

청소년기에 진로에 대하여 고민을 하는 자녀에게 요즘 대부분의 부모들은 이렇게 말한다. "네가 좋아하는 것을 하도록 해라." 이 말은 자녀에게 자유로운 선택권을 허용하고 자녀의 개성을 존중하는 것처럼 들린다. 하지만 이처럼 모호하면서 무책임한 말이 어디 있을까? 아직 어리기만 한 청소년들은 좋아하는 것에 대한 생각의 깊이가 달라서 '난 노는 걸 좋아하는데 평생 놀기만 할까?', '게임이 제일 좋은데 만날 게임만 하고 살았으면 좋겠다' 등과 같이 지금 당장의 것만 떠올리게 된다. 그러다 보니 정작 자신이 좋아하는 것과 진로 목표를 연결시키지 못한 채 방황하기 일쑤이다.

또한 좋아하는 것과 잘하는 것을 구분할 수 있어야 한다. 좋아하는 것과 잘하는 것은 서로 다른 것임에도 불구하고 많은 부모들은 좋아하는 일을 하라고만 하니 여기에도 부작용이 따르게 된다. 좋아하는 것은 평생 탐을 낼 정도를 말하고, 잘하는 것은 싫어하더라도 자연스럽게 해낼 수 있는 능력을 말한다.

'난 영화가 좋은데 연기는 못하고, 어쩌면 좋지?', '그래도 연기할 거라고!' 이런 식으로 미래를 설계한다면 결국 피차 힘든 일이 벌어진다. 좋아하는 영화로 자신의 진로 분야를 선택했다면 그것으로 끝나지 말고 반드시 그 분야에서 펼칠 수 있는 자신의 재능이 무엇인지 찾아야 한다. 영화와 관련된 분야에서 어떠한 일이라도 시작하면서 자신의 능력을 발휘해 보면 특정한 형태의 업이 탄생하는 것이다.

연기자가 될 수도 있고, 연출자, 영상기술자, 음향기술자, 시나리오 작가, 제작기획자 등등 수많은 형태의 업이 존재한다. 자신이 좋아하는 영화라는 판을 선택한 것은 절반의 성공이다. 그다음에는 그 판에 뛰어드는 것이 순서이다. 그러고 난 후에 자신의 능력 가운데 가장 자신 있는 것을 발휘하는 업무를 시작하면서 점점 발전해 나가는 것이다.

◆ 미국 메리어트 호텔
부주방장 시절

>>> 미국에서 공부를 마치고 호텔 조리업무를 한 적
이 있다. 음식 만들기에 관심도 많고 나름 손재주도 있었
던 터라 운 좋게도 큰 호텔에 자리를 얻게 되었다. 대학
원을 졸업하고 조리업무를 시작한다는 것이 쉬운 결정은
아니었지만 학교에서 배운 것을 고지식하게 적용하며 성
실하게 근무했던 그 시절은 지금 내가 하고 있는 일에 큰
밑거름이 되는 귀한 자산이 되었다. <<<

✿ 숨어 있는 제이오비

사람의 나이 마흔을 불혹(不惑)이라고 하는데, 이 나이가 되면 세상의 어떤 유혹에도 흔들리지 않는다는 뜻이다. 이 말이 등장한 그 옛날의 나이 마흔과 오늘날의 나이 마흔은 사회적인 기능으로만 봐도 큰 차이가 있다.

그 당시의 나이 마흔은 이미 사회적으로 안정되고 손주를 볼 수 있을 만큼 장년층에 속했지만 요즘은 직장에서 안정된 지 얼마 되지 않아 정리를 생각해야 할 정도로 불안한 중년이 시작되는 시기이기도 하다. 그럼에도 불구하고 그때나 지금이나 똑같은 나이 마흔에 불혹이라는 말이 적용된다는 사실이 신기하기만 하다.

불혹의 나이 마흔을 운운하는 것은 우리 청소년들이 미래에 대해 불안해하는 것과 진로에 대해 막막하게 생각하는 이유를 설명해 주기 위함이다. 우선 다음의 인생 그래프를 이해하고 나면 불혹의 나이 마흔이 어떤 의미인지 깨달을 수 있으며 자신의 진로에 대한 불안감에서 벗어날 수 있다.

인생 그래프를 보면 우리 인생은 크게 5단계로 구분된다. 태어

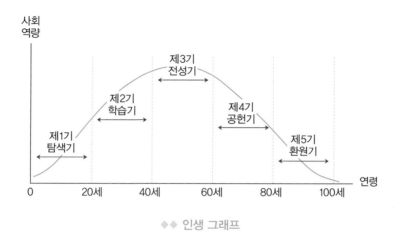

◆◆ 인생 그래프

나서 10대 말까지는 탐색기, 20~30대는 학습기, 40~50대는 전성기, 60~70대 공헌기, 80~90대는 환원기 등으로 구분한다. 이상적인 인생이라면 그래프에서 보는 것처럼 나이 마흔 즈음에 전성기를 맞이한다. 즉, 그 사람이 한평생 무엇을 했는지 가장 알아보기 쉬운 시기가 바로 전성기이다.

인생 그래프의 정점인 전성기를 중심으로 바로 전 단계인 20~30대는 학습기로서 전성기를 맞이하기 위해 준비해야 하는 시기이다. 즉, 전공 분야에 맞춰 학업이나 직장생활 등 연관 활동을 통해 배우고 준비하는 과정이다.

자기 진로 분야를 결정하고 그 분야에 대해 공부하고 경험하는 시기이므로 진로 선택이 우선시되어야 한다. 이 시기에 진로 선택 없이 대학에 진학하고 취업에 몰입했다면 결국 직장생활에서 만족하지 못하고 이직을 반복하면서 40대 전성기를 맞이하지 못하게 된다.

진로 선택에 중요한 영향을 주는 시기가 바로 태어나서 10대 말까지의 탐색기이다. 이 시기에는 초·중·고등학교를 다니면서 자기 자신에 대해 확실하게 알아야 한다. 그렇게 되기 위해서는 다양한 활동과 체험, 지적 학습 등을 통해 자신을 느끼고 알아차려야 한다.

자신이 어떤 성향을 갖고 있으며 자기만의 재능이 무엇인지 확인함으로써 자신감과 자존감을 확보해야 한다. 그래야만 자신의 진로 분야를 선택할 수 있고 꿈을 만들 수 있다. 그리하여 학습기인 20~30대에 자신의 꿈을 이루기 위한 준비단계로 학습 활동에 매진할 수 있는 것이다. 자신의 꿈을 이미 만들었고 그를 이루기 위해 하는 공부와 직업 활동이라면 즐겁지 않을 수가 없다. 사명감

경험, 자신에 대한 확실한 투자

청소년들에게 가장 중요한 공부는 바로 경험이다. 자신이 겪어 보지 않고서는 느낄 수가 없다. 그래서 어려서부터 야외 활동이나 학습 등 다양한 경험을 통해 배운다. 이 시기에 배우는 것은 지식이 아니라 자신을 알아 가는 것이다. 자기가 누구인지 알지 못하고 학습에만 의존하다 보면 반드시 방황하는 시기를 맞게 된다. 아무리 출세를 하고 성공했다고 해도 자신을 알지 못한 채 이룬 업적들로는 결코 행복할 수 없다. 우리 인생이 얼마인데 잠시 출세한 것만을 놓고 행복이라 말하겠는가.

을 갖고 공부와 일을 하게 되며, 자신의 꿈과 연관이 있는지 없는지 명확하게 구분할 수 있기 때문에 학습에 대한 몰입과 열정이 남다르게 된다.

불행히도 우리나라 교육체계에서는 가장 중요한 탐색기에 있는 청소년들이 자신을 바로 탐색하지 못한 채 입시 중심의 학습에만 자의반 타의반으로 치중한다. 그러다 보니 대학에 다니면서 비로소 진로에 대한 걱정을 하게 되고, 자기 자신을 제대로 파악하지 못한 채 다음 단계로 나가기만 하는 것이다. 청소년들의 진로에 대한 불안과 걱정은 바로 이러한 구조적 문제가 가장 큰 이유이다.

이제 우리 청소년들이 그렇게 고민할 필요는 없다. 전성기로 가기 위한 준비단계에 있기 때문이다. 앞에서 언급했던 '마이 제이오비'를 이해하거나 확신하지 못한다면 자신의 진로에 대해 절대적으로 두려울 수밖에 없다. 가끔은 남들보다 빠르게 사회에 진출하여 성공을 했다는 젊은이들에 대한 뉴스도 접하겠지만 내가 거기에 해당하지 않는다고 해서 결코 슬퍼할 이유는 없다. 왜냐하면 나에게는 나만의 인생이 따로 있기 때문이다.

젊은이들이 불안해하는 이유는 지나온 삶 속의 내가 누군지 모르겠고 앞날의 나도 누구일지 모르기 때문이다. 또한 하고 싶은 일은 있는데 준비하기에는 이미 늦어 버린 것 같고, 새롭게 준비하려니 확신이 서지 않기 때문이다. 하지만 인생 그래프 속에서 내가 현재 어디에 있는지 확인한다면 고민할 필요조차 없다는 것을 알 것이다. 지금 준비해야 할 것은 내 자신의 모습을 확실하게 그려

내고 그 확신을 토대로 열심히 공부하고 경험하면서 미래를 준비
해 나가는 것뿐이다.

40대 이후 전성기에서 자신의 전문성을 한껏 내보였다면 60대
이후에는 이제 보다 넓은 대상에게 베풀어 가는 공헌기에 접어든
다. 이 시기에는 깊이보다는 폭넓게 베풀려는 자세가 중요하다. 후
배를 양성한다거나 보수에 연연하지 않고 자신만의 노하우를 널리
공유하는 식의 활동을 통해 자신이 축적한 지혜를 더 큰 세상에 베
풀어야 한다.

인생 말미에 해당하는 80대 이후에는 자연으로 돌아가기 전에
자신이 갖고 있는 모든 것을 하나씩 내려놓아야 한다. 즉, 자연인
으로 거듭나기 위해 사회와 주위에 돌려주는 삶의 자세가 필요한
시기이다. 아무 활동도 없이 모든 것을 내려놓을 수는 없다. 하나
씩 내려놓기 위해서 필요한 활동들은 60대 '공헌기'와는 사뭇 다르
다. 공헌기에는 사회와의 왕성한 교류 활동으로 이바지했다면 환
원기에는 개인적인 활동에 주력해야 한다. 개인의 건강관리, 자연
을 배우거나 자연과 친해지려는 노력 등의 활동을 통해 인생의 궁

극적 목표인 '자연과 하나가 되는 것'에 가까워져야 한다.

청소년들이 탐색기에 필요한 진로에 대한 목표 설정에서 갈등하는 것이 바로 직업 선택일 것이다. 이 책의 두 번째 파트에 상세히 설명되어 있지만 일단 쉽게 이해하기 위해 다음 내용을 참고하도록 한다.

직업 선택에 앞서 자신이 진출해서 활동해야 할 분야와 타고난 재능에 집중해야 한다. 특정한 직업 이름보다는 구체적인 업무 활동의 내용을 파악하여 '○○하기 식'으로 찾아야 한다. 예를 들어 '교사'라고 하는 특정 직업을 인생 목표로 정하는 것과 '지식을 전달하기' 혹은 '지혜를 얻도록 도와주기' 등으로 목표를 설정하는 것에는 분명한 차이가 있다.

전자의 경우는 교사라는 특정 직업을 위해 내가 준비해야 하는 선택의 길이 매우 좁다. 교사가 되기 위해 대학의 관련 학과에 진학하고 자격시험을 준비하는 등의 과정을 거쳐 교사로 임용되어 오랜 시간을 교사라는 직책에 종사하게 될 것이다. 평생을 교육에 헌신했다고는 하지만 사실상 교사로 재임하는 동안에 국한된 업무만 수행한 셈이다.

반면에 후자의 경우는 다양한 분야에서의 학업과 경험을 통해 특정 직업에 국한되지 않은 교육 활동을 할 수 있으며, 은퇴한 이후에도 또 다른 형태로 지식을 나누거나 지혜를 쌓도록 도와주는 일에 기여할 수 있다. 반드시 교사여야만 교육 업무를 하는 것이 아니기 때문에 교사라는 한정된 직책에 목표를 두는 것보다 '교육'이라고 하는 넓고 높은 목표를 세우는 것이 필요하다.

교육의 업을 펼칠 수 있는 무대는 유치원, 초·중·고등학교, 대학교는 물론이고 사설학원, 각종 아카데미, 문화교실 등 다양한 형태로 존재한다. 그렇다면 대학 교수는 모두 동일한 업을 갖고 있는 사람들일까? 답은 '아니다'이다. 왜냐하면 가르치거나 연구하는 능력은 동일하지만 좋아하는 분야가 서로 다른 경우가 많기 때문이다. 겉으로는 같은 일을 하는 사람처럼 보이지만 행복의 관점에서 본다면 서로 다르다는 이야기다.

그래서 이 세상에는 자기만의 'J.O.B.'가 존재하는 것이다. 타고난 자신의 재능과 자신이 평생토록 능력을 펼치고 싶은 무대를 선택하여 나타나는 형상이 바로 자신의 업이며, 그 업은 시간이 흐르면서 진화하여 서로 다른 형태로 존재하는 것처럼 보인다. 하지만 그 모습들의 공통점을 살펴보면 결국 자신이 좋아하는 것과 잘하는 것의 조합이라는 사실을 알 수 있다.

사람마다 나이, 경험, 환경 등에 따라 선택하는 선호 종목, 성향·분야, 재능 등이 시간이 지남에 따라 계속해서 변하는 속성을 갖고 있기 때문에 이러한 속성 변화에 따라 자기의 목표도 계속 진화해야 한다는 사실을 깨달아야 할 것이다.

자전거 타기

두발자전거를 처음 배우던 어린 시절이 떠오른다. 씽씽 달리고는 싶지만 넘어질까 두려워 첫 페달도 제대로 밟지 못하고 쩔쩔매던 기억이 나는데, 지금 돌이켜보면 왜 그리 어리석어 보이는지. 아마도 자전거가 넘어질 것을 생각하고 나를 과감히 맡기지 못한 탓이었으리라.

자전거를 타기로 했다면 처음 타는 내 자신의 서툰 실력을 인정하고 과감히 몸을 맡기고 힘차게 첫 페달을 밟는 것이 현명하다. 멋진 자전거 곡예나 사이클 선수를 동경하면서도 정작 자전거에 올라타지도 않는 나에게는 아무것도 일어나지 않는다는 사실을 명심하면서.

여러분들이 결정해야 할 세 가지가 바로 여기에 있다.

내 모습을 바로 볼 것!

내 모습을 인정할 것!

과감하게 뛰어들 것!

Key note

- 꿈은 평생토록 진화하는 것

- Joy of Being, 즉 자신의 존재감을 충분히 깨달을
수 있어 즐거운 활동

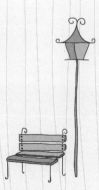

핵심정리 : 내가 알아낸 것들

1. 행복한 직업 활동에 필요한 조건들이 무엇이었는지 기억하세요.

2. 인생 퍼즐게임에서 가장 우선으로 해야 할 일을 기억하세요.

3. 행복이 자기 가운데 있게 하기 위해서 해야 할 일을 기억하세요.

4. Joy of Being의 의미를 기억하세요.

5. 인생 그래프의 다섯 가지 단계를 기억하세요.

- -

- -

- -

- -

- -

- -

Part 2

제이오비 :
내가 꼭 찾아야 할 것

1. 자기 진단
2. 자기 평가
3. 자기 목표

1 자기 진단

　일전에 노후대비에 관한 강연을 해 주시던 강사께서 이런 말씀을 하신 기억이 난다. 대다수가 중년층이던 청중에게 노후준비로 가장 중요한 것은 우리가 초등학교 시절에 이미 다 배웠다는 얘기였다. 무슨 말씀인가 의아했는데 그분의 설명인즉, 국어와 산수가 아주 중요한데 국어 공부의 핵심은 바로 '주제 파악'이며, 산수 공부의 핵심은 '분수'를 잘 이해해야 한다는 우스갯소리와 같은 비유였다. 자기 주제를 잘 파악하고 분수를 잘 알아야만 편안한 삶을 영위할 수 있다는 설명이 가히 그럴듯해 보였다.

그 유명한 철학자 소크라테스의 "너 자신을 알라"라는 명언을 처음 접한 어린 시절에는 이렇게 쉬운 말에 무슨 철학적 개념이 깃들어 있을까 의문조차 품지 못한 적이 있다. 하지만 인생을 살아가면서 서서히 그 무게를 느끼게 될 무렵이 되자 이처럼 위대한 명언이 또 있으랴 할 만큼 가슴 깊이 파고든다. 과연 내가 한평생 지내면서 나에 대해서 얼마만큼 알 수 있을까 하는 질문을 수도 없이 해본다.

당신의 고민

지금 당신의 생각과 일치하는 고민은 무엇인가?

1. 나한테 딱 어울리는 직업이 과연 무엇인지 모르겠다.

2. 하고 싶은 일은 있는데 막상 하기에는 그림의 떡이다.

3. 지금부터 준비하기에는 너무 늦은 것 같다.

이 세 가지 중에 한 가지라도 일치한다면 지금부터 이 책의 내용에 집중해야 한다. 책의 내용을 충분히 이해하고 신뢰할 수 있게 된다면 당신의 고민은 해결될 수 있다. 고민 해결은 당신 의지에 달려 있다는 것을 잊지 말자.

오늘날 젊은이들이 안고 있는 절대적인 고민들이다. 속 시원하게 '당신은 이런 사람이므로 이런 일을 하세요!'라고 말해 주면 좋으련만 이 세상에는 정확한 것이 존재하지 않는다. 그게 세상의 이치일지도 모른다.

모든 일에는 순서가 있기 마련이듯이 내가 세상에서 해야 할 일들에도 순서가 있다. 나이 마흔에 전문가로서의 모습이 나타나기 마련인데 20대 젊은이가 40대 모습을 원한다고 해서 바로 찾을 수 있겠는가? 자신이 40대에 이루게 될 모습을 그려 보고 20대에는 그에 적합한 것을 찾아 준비하는 모습이 나타나기 마련이다. 따라서 미래의 모습, 즉 자신의 꿈부터 설계하고 지금 해야 할 일들을 찾아 해 나가면 된다.

젊은 시절에 자신의 미래가 명확하지 않다는 것은 아직까지도 자신을 모르고 있고 그렇기 때문에 아무런 준비를 하지 않았다는 말이다. 행복한 꿈을 만들고 이루기 위해서 반드시 거쳐야 할 단계가 바로 내 자신을 아는 것이다. 나를 바로 알고 그것을 인정해야만 비로소 나의 꿈이 만들어지고 행복을 얻게 되기 때문이다.

✿ 과거의 내 모습

어릴 적의 기억

자기 스스로를 되돌아보면서 잘했던 것과 못했던 것들을 기억해
보자. 미취학 시절부터 지금에 이르기까지 시기별로 자신이 잘했
던 것들을 기록한다. 경쟁에서 이겼던 것, 누군가에게서 받았던
상, 가장 기뻤던 일, 아주 쉽다고 느꼈던 것, 즐거웠던 기억이나 인
상에 남을 정도로 아름다웠던 기억들이 여기에 해당한다.

반면에 잘 못했던 사건이나 기억으로는 누군가에게 졌던 일, 잘
못한 일로 벌을 받았던 기억, 슬프거나 괴로웠던 기억, 가장 어려
웠던 일, 꺼려지거나 흉해서 피했던 기억 등을 정리해서 기록한다.

이런 작업을 통해 자신이 좋아하거나 잘하는 것과 싫어하거나
못하는 것에 대한 구분이 가능하다. 또한 자라면서 어떻게 자신의
성향이나 능력이 변했는지도 파악해 볼 수 있다.

나에 대한 주위의 평가

나에 대해 가장 잘 알고 있는 사람들은 바로 나를 낳아 길러 준 분들이다. 아버지와 어머니 때로는 할아버지와 할머니, 일가친척들까지 다양하다. 내가 태어나서 어떤 행동을 했는지 자기 자신은 기억하기 어렵다.

두 돌이 지날 무렵부터는 그 아기의 본모습이 드러나기 마련이다. 아이의 성향이 어떤지, 어떤 재능을 보이는지 세심하게 관찰하면 알아볼 수 있다. 그렇지만 불행히도 그 무렵의 부모들은 대부분 경황이 없을 정도로 삶에 지쳐 아기의 본모습을 읽어 내지 못한다.

그래도 자신을 정확하게 평가하기 위해서는 끈질기게 물어봐야 한다. 내가 자라나는 모습을 가장 가까이에서 지켜본 부모, 친척, 형제들에게 확인을 한다. 내가 어렸을 때는 어떤 아이였고 기억날 만한 특징은 뭐가 있었는지, 영유아기 때의 모습에서 묘사되는 자신의 모습을 기록하도록 한다. 주로 무엇을 갖고 놀았다든가, 어떤 것을 보고 좋아했다든가, 고집이 셌는지, 울보였는지, 울다가도 뭘 해 주면 뚝 그쳤는지 등등 특징적인 모습들을 모두 기록해 놓는다.

그다음으로 유치원이나 학교에 다니던 시절에는 선생님들이 자

나를 찾아주세요! 생애주기별 나의 조력자

영유아기에는 부모에게 가장 큰 영향을 받게 된다. 특히 젖을 먹이는 엄마의 영향력이 가장 크다고 하겠다.

유년기가 되면 학교 선생님의 영향력이 커진다. 이때가 되면 집에서 엄마, 아빠가 뭐라고 해도 '선생님이 이렇게 하라고 하셨어!'라며 받아들이려 하지 않는다.

사춘기의 청소년들에겐 친구들의 영향이 제일 크다. 그래서 이 시기의 자녀를 둔 부모들은 자기 아이의 친구들이 어떤지 걱정이 많기 마련이다. 그래서 한결같이 '우리 애는 착한데 나쁜 친구들을 사귀어서 문제'라는 부모들이 많은가 보다.

대학생이 되면 비로소 책을 통해서 영향을 받아야 하는데, 우리나라는 아직도 친구, 선후배, 동아리 등의 영향력에서 헤어나지 못하기도 한다.

취업을 하고 결혼할 시기가 되면 점차 자기의 배우자에게 영향을 받고, 조금 더 지나 자녀를 낳아 기르다 보면 자식들에게 배우게 되는 시기를 맞이한다.

중년에는 사회에서 많은 것을 배우고 노년기가 되면 자연의 섭리를 깨달아 가게 된다.

신의 모습을 가장 많이 관찰하게 된다. 물론 사춘기의 청소년 무렵에는 친구들이 나에 대해 가장 잘 알게 되고 상급학교로 갈수록 후배나 선배 등 많은 시간을 함께하는 상대들이 나에 대해 잘 알게 된다. 이렇게 나의 학창 시절을 잘 아는 상대를 통해 그 당시의 자기 모습을 찾아보도록 한다.

✿ 현재의 내 모습

지금 이 순간, 당신은 과연 어떤 모습인가? 과거의 내 모습을 통해 파악한 자신의 모습과 얼마나 차이를 보이는지 비교해 보도록 한다. 가정에서의 모습은 어떤지, 학교, 직장 또는 친구들 사이에서 비춰지는 모습은 각각 어떤지 역할과 비중 그리고 친밀도 등을 기준으로 평가해 본다.

그다음은 그렇게 평가한 현재 자신에 대한 만족도는 어느 정도인지 스스로 판단해 본다. 이것과 관련 있는 개념들이 바로 자신감과 자존감인데, 자신감은 '自信感'으로 풀이할 때는 스스로 얼마나 신뢰하는지 그 정도를 나타내지만 '自身感'이라고 풀이하면 스스로를 얼마나 느낄 수 있는지에 대한 정도로 이해할 수 있다.

대부분의 경우에는 전자의 의미로 받아들이지만 이 책에서는 후자의 의미를 주로 다룰 것이다. 남들과는 상관없이 자기 자신에게 집중하여 자신의 상태를 느끼는 것이 가장 중요하고, 자기 자신에 대하여 느끼고 난 후에 비로소 자신을 믿을 수 있게 되기 때문이다.

자존감은 아주 중요한 개념으로 일반적으로는 '스스로[自]의 존재[存]에 대한 느낌'으로 해석하고 '스스로[自]를 얼마나 존중[尊]하는지'에 대해 평가하는 것이다. 자신을 존중하기에 앞서 자신의 존재를 먼저 인식하는 것이 순서이다. 이런 의미에서 먼저 당신은 자기 스스로의 존재를 얼마나 인식하고 있는지 평가해 보아야 한다.

일반적으로 자기를 평가할 때 '자신감'과 '자존감'을 가장 중요하게 생각한다. 『마이 제이오비』에서는 거기에 '자정감'이라는 개념을 하나 더 추가하여 종합적으로 평가한다. 자정감은 '스스로[自]의 정체성[正]에 대한 판단'으로 풀이할 수 있는데 결국 "나는 누구인가"라는 질문에 대한 스스로의 답이 될 것이다. 이렇듯이 자신의 현재 모습을 통해 자신은 누구인지 혹은 무엇인지를 판단해 보아야 한다.

✿ 과거와 현재의 차이

자기 본연의 모습과 현재의 모습에는 어떤 차이가 있는가? 아무런 차이 없이 동일하다면 매우 행복한 시간을 보낸 사람이라고 볼 수 있다. 그러나 대부분의 사람들은 자기의 본모습을 잃어버리고 누군지 모를 정도의 낯선 모습으로 현재를 살아가는 경우가 많다.

자존감이 땅에 떨어질 만큼 떨어져 자신감도 상실한 채 오늘을 살아가는 사람이 있다면 그가 자기의 정체성에 대해 얼마나 알고 있을지 의문이다. 그의 삶은 과연 행복할 수 있겠는가? 살아가는 과정 어딘가에서 무언가에 의해 어떤 영향을 받아 본연의 모습을 잃고 낯선 모습으로 살아가게 된 것인지 알아내야 한다.

어떤 사람은 가정이나 학교에서 크고 작은 상처를 입어 어느새 자존감을 상실한 채 살기도 하고, 어떤 사람은 결혼 후 배우자에게 상처를 받아 그렇게 되는 경우도 있다. 신데렐라 신드롬과 같이 우수한 언니를 둔 동생은 학창 시절 내내 좌절을 겪으며 살다가 결혼을 하고 아이를 둔 엄마가 된 어느 날 비로소 그런 상처를 내보이기도 한다.

　행복을 꿈꾸는 것은 모든 이들의 특권이다. 살아가면서 언젠가 나도 모르는 사이에 꿈의 날개가 꺾이게 되고, 미처 꺾인 줄도 모른 채 살다가 꿈을 날려 버리는 것이 바로 불행한 삶인 것이다. 행복한 내 인생을 만들어 가는 첫 단추는 바로 자신을 바로 아는 것부터 실행하는 것이다.

Key note

- 남은 남이다. 남과 비교하지 말 것. 내 안에서 찾아 낼 것

- 내 인생의 조력자들을 십분 활용할 것

- 본연의 모습과 현재의 모습이 언제부터 달라진 것 인지 찾아낼 것

2 자기 평가

자기 진단을 통해 본연의 모습과 잠재적인 요소들을 파악했다면 이제는 자신에 대한 객관적인 평가가 필요하다. 많은 사람들이 진로에 대한 탐색을 거쳐 목표를 세울 때 실패하는 가장 핵심적인 이유는 자신을 솔직하게 평가하지 못하기 때문이다.

사람들은 자신을 있는 그대로 인정하거나 받아들이지 못하고 오로지 마음에 드는 진로만 염두에 두고 욕심을 내는 경우가 허다하다. 행복한 직업 활동이 드문 이유가 바로 여기에 있다. 우리 주위를 둘러보면 소위 출세한 직업에 종사하는 사람들이 행복한 표정을 짓고 있는 모습을 찾아보기 어려울 지경이다. 오히려 고생스러운 일을 하면서도 시종일관 행복에 겨워하는 사람들이 더 많아 보이는 이유는 과연 무엇일까 궁금하지 않을 수 없다.

*　　　　*　　　　*

행복한 직업이란 결국 자신의 존재감과 정체성이 충분히 발현되어 궁극적으로 사회에 공을 베풀 수 있는 활동을 말하는 것이다. 따라서 무엇보다 자신만의 특성에 가장 적합한 요소들로 구성되어야 한다. 나의 행복한 진로를 설계하기 위해서 자신의 평가에 필요한 최적의 구성 요소는 크게 세 가지로 분류할 수 있으며, 이를 이용한 분석 방법이 바로 '삼위일체형 자기평가방식'이다.

'삼위일체형 자기평가방식'을 구성하는 세 가지 요소로는 자신이 가장 좋아하는 선호 종목, 자신의 성향과 진출 분야, 자신이 타고난 재능 등이 있다. 다음에서 제시하는 각각의 요소들에 대한 개념을 충분히 이해한 후에 자신을 객관적으로 평가하도록 한다.

첫 번째, 자신의 선호 종목을 선택하는 것인데, 개인적으로 좋아

◆◆ 삼위일체형 진로 탐색

한다는 확신이 드는 것으로 결정하면 된다. 자신이 가장 좋아하면서도 평생 함께할 만큼 좋아할 각오가 되어 있는지 숙고하여 결정하도록 한다. 여기에는 무한히 많은 종목이 있으므로 자신이 잘하고 못하고 혹은 할 수 있고 없고를 떠나서 얼마나 좋아하는지에 따라 결정하면 된다. 노래, 춤, 무용, 축구, 야구, 책, 컴퓨터, 자동차, 옷 등등 자신이 가장 좋아하는 대상을 정하도록 한다.

두 번째, 자신의 성향과 진출 분야는 자신의 성향에 따라 활동하는 분야를 찾는 것이다. 보다 정확한 결과를 얻기 위해서 필요한 전제 조건이 있는데 약간의 상상이 필요하다. 자신의 성향만으로 판단하기보다는 '평생 이러한 성향을 보이는 분야에서 활동하는 것이 적합할까?' 하는 상상을 통해 자신에게 가장 적합한 성향과 그에 따른 진출 분야가 어느 것인지 찾아내야 한다.

10가지 세부 유형의 내용이 다소 중복되는 것처럼 혼돈된다면 그것은 지극히 당연한 일이다. 왜냐하면 당신은 10가지 세부 유형을 모두 갖고 있기 때문이다. 여기에서 중요한 것은 반드시 10가지 세부 유형에 대해 순위를 매기는 것이다.

당신에게 내재한 10가지 성향과 진출 분야 중에서 당신을 가장 잘 나타내 주는 성향과 그에 적합한 분야가 무엇인지 파악하려는 것이므로 1위에서 10위까지 순위를 정하도록 한다. 만일 순위 결정이 쉽지 않다면 미래지향적 상상을 통해 구분하면 도움이 될 것이다. 예를 들어 '나에게는 이런저런 성향이 모두 있는데 어느 것이 우선일까?' 하는 주저함이 생긴다면 '내가 만일 평생토록 그런 분야에서 종사한다면 어떨까?' 하는 상상을 통해 정하는 것이다.

세 번째, 재능적 요소는 당신이 잘하고 못하는 정도를 기준으로 평가하는 항목들이다. 절대로 남과 비교해서 잘하고 못함을 판단해서는 안 된다. 당신이 할 줄 아는 모든 능력을 고르게 비교했을 때 상대적으로 어느 것이 나은지 평가하면 된다. 예를 들어 내가 몸으로 어떤 일을 하는 것보다는 머리를 써서 하는 일이 더 수월하다면, 사고적 활동 능력에 자신 있다고 평가하면 되는 것이다.

재능적 요소 역시 10가지 세부 유형이 다소 중복되는 것처럼 혼돈된다면 그것은 당신이 그러한 능력들을 모두 갖고 있으며 그것들을 잘 인식하고 있기 때문이다. 여기에서 중요한 것은 마찬가지로 10가지 세부 유형에 대해 순위를 매기는 것이다. 당신에게 내재한 10가지 능력 중에서 가장 자신 있는 것부터 1위에서 10위까지 순위를 정하도록 한다. 당신의 능력에서 우선순위를 결정할 때는 남보다 뛰어난 점이 아니라 자신의 능력 중에서 특별한 노력 없이도 저절로 되는 것, 즉 매우 자연스럽게 이루어지는 것을 기준으로 해야 한다.

예를 들어 수재들이 "공부가 제일 쉬웠어요!"라고 하면 남들은 말도 안 되는 소리라고 야유할지 모르지만 정작 그들의 능력 중에서는 학습 능력이 가장 자연스럽고 수월한 것이다. 이처럼 자신이 볼 때에는 능력이라고 할 수도 없을 정도로 '그냥 하면 되는 것'들이 바로 자신이 타고난 능력인 것이다.

- 당신에게는 성향과 재능적 요소에 따라 최소한 100가지 조합의 진로 유형이 내재되어 있다. 이러한 당신의 잠재력은 무한한 가능성을 입증하는 것이다.

- 불행한 진로 설계란, 자신의 특성을 모르는 상태로 남들이 동경하는 특정한 직업을 목표 삼아 매진하는 것이다.

- 행복한 진로 설계란, 자신을 바로 알고 그 결과에 따라 수립한 목표를 향해 계속해서 도전해 나가는 과정이다.

제1요소 : 나의 선호 종목은?

'선호 종목'이란 자신이 특별히 좋아하는 종목을 말한다. 종목이라고 하는 표현이 다소 생소하게 들리겠지만 쉽게 말해서 좋아하는 사물이나 대상이라고 이해하면 된다. 자신이 가장 좋아하는 것 한 가지만 말하라고 하면 무엇을 댈 수 있겠는가?

이제부터 설명하는 내용을 잘 이해하고 자신이 가장 좋아하는 것을 도출하도록 한다. 그리고 그것이 갖고 있는 본질을 생각해야 한다. 예를 들어 화장품을 가장 좋아한다면 화장품이 갖고 있는 본질 중에서 '아름다움', '예뻐지는 것' 등과 같은 본질이 바로 당신이 좋아하는 것이 될 것이다.

당신이 찾아낸 선호 종목과 그 본질은 제2요소인 성향·분야와 결합하여 결국 꿈과 목표를 설정하는 데 결정적인 역할을 하게 되므로 모든 조건이나 상황을 충분히 고려하여 찾도록 한다.

❀ 좋아하는 대상

대학생 정도의 청년들에게 가장 좋아하는 것이 무엇이냐고 물으면 대다수가 선뜻 대답을 못하는 경우가 허다하다. 그 이후로는 나이가 들수록 매우 현실적인 답변이 많다. 예를 들면 큰 집, 자동차, 귀금속, 돈 등과 같이 재물과 연관된 것들이 많다. 그러다 나이가 더 들면 이젠 추상적으로 변한다. 건강, 젊음, 자연 등 지나온 세월 속에서 아쉬움이 묻어나는 것들이 많다.

반대로 나이가 어릴수록 자신이 좋아하는 것이 무엇인지 바로바로 튀어나온다. 장난감, 게임기, 아이스크림, 과자, 야구, 만화 캐릭터 등 서슴없이 말한다. 평생 그것만 있으면 더 이상 바랄 게 없느냐고 물어도 한결같은 대답이다. 왜 그럴까? 어느 정도 인생을 살아 본 사람이라면 이렇게 말할 것이다. 어려서는 두려운 것이 없어서 그런 법이라고.

우리가 살아가면서 얻는 삶의 지혜가 참 많다. 하지만 모든 지혜가 발전적이고 긍정적인 것만은 아닌 듯싶다. 실패를 경험하고 자신의 한계에 부딪혀 보면서 나도 모르는 사이에 두려움이 생기게 되고, 그로 인해서 내가 좋아하는 것을 선뜻 말하지 못하게 된다. 단순히 무엇을 좋아하는가를 물어봤을 뿐인데 머릿속에서는 그것을 얻을 수 있을까 하는 의구심과 두려움이 앞서 감히 말도 꺼내지 못하게 되는 것이다.

행복한 꿈을 만들기 위해서는 지금까지 나를 둘러싸고 있는 두려움이나 의심 따위를 모두 날려 버려야 한다. 지금까지는 어땠는지 모르겠지만 미래는 누구에게나 똑같은 조건으로 기다리고 있는 것이기 때문이다. 나에게 잘 맞고, 내가 좋아하고, 내가 잘하는 것을 펼칠 때 비로소 내가 행복해지는 것이기 때문에 조금도 주눅이 들어서는 안 된다.

좋아하는 대상이란 자신이 가장 탐내는 품목, 즉 '아이템'이라고 할 수 있다. 이것은 추상적인 것이 아니라 실체적인 것을 말한다. 예를 들어 평화 혹은 사랑스러움과 같은 추상적인 것이 아니라 옷, 책, 컴퓨터, 음식, 춤, 음악, 나무, 동물 등과 같은 것을 말한다.

과연 내가 뭘 좋아하는지 선뜻 떠오르지 않는다면 어린 시절부터 현재까지의 기억을 떠올려 보는 것이 필요하다. 정말 소중하게 간직했던 물건, 정말 기분이 좋았거나 신났던 물건 또는 어떤 물건과 함께했던 활동이나 그 환경이 정말로 좋았거나 편안했던 기억 등을 모두 기록하도록 한다.

또한 자신이 좋아했던 물건이나 활동 등을 놓고 '그것을 좋아하게 된 이유'가 무엇이었는지 함께 생각해 본다. 어린 시절 주변 환경에 의해 그 물건이 자연스럽게 좋아졌는지, 갖기 어려운 귀한 물건을 어렵게 얻어서 좋아했는지, 아니면 어릴 적에 멋진 모습에 매료되어 동경했던 물건이었는지 다양한 이유가 있을 것이다.

그다음으로는 그 물건들을 얼마나 좋아하는지 정도에 따라 순위를 정해 본다. 여기서 좋아하는 정도란 지금도 얼마나 탐을 내고 있고 애착을 갖고 있는지를 평가하여 판단하는 것이다. 여기에 도움이 되는 상상은 '내가 만일 그 물건과 평생 동안 함께한다면 어떨까?'라는 질문이다. 과거에도 좋아했고 지금도 좋아하지만 과연 평생토록 좋아할 것인가에 대해 평가해 본다면 더욱 확실하게 구분할 수 있을 것이다.

내가 가장 좋아하는 것은 바로 '☐☐'이었다.

어린 시절 가끔 놀러가던 외가에는 집 한쪽에 세를 준 만화책방이 있었다. 그 덕분으로 집안 곳곳에 수북이 쌓여 있던 만화책을 마음껏 읽을 수 있었다. 그때 맡았던 낡은 책들의 냄새가 아직도 편안하게 느껴지는 것은 푸근한 외가 식구들의 사랑과 넘쳐나던 만화책 덕분이 아니었나 싶다.

그 기억 때문이었을까? 대학생이 되어서도 시내에 나가면 항상 대형서점을 기웃거리며 책을 몇 권이라도 사 갖고 돌아오는 습관이 생겼고 나중에 크면 서점을 하고 싶어 할 정도로 책이 탐났다. 도서관에 가면 세상을 얻은 듯이 마음이 풍족하고 서점에 가면 뿌듯함과 동시에 마치 내 재산을 누가 훔쳐가는 것처럼 불안해 하기도 했다.

결국 지금의 내 연구실은 내가 좋아하는 책들로 가득하고 그것은 내게 행복감을 가져다주는 일상의 원동력이기도 하다. 나에게 책은 이제 좋아하는 대상을 넘어서 세상과 소통하는 창구로 자리매김하고 있다.

연관 활동

좋아하는 대상을 정했다면 이제는 그것과 관련된 구체적인 활동이 무엇인지 구분해 보기로 한다. 연관 활동을 찾는 것은 자신이 좋아하는 대상의 본질을 명확하게 파악하는 데 중요한 요소이다. '평생 좋아하는 대상을 갖고 뭘 하지?'라는 의문을 풀어 줄 열쇠가 바로 연관 활동이기 때문이다.

옷을 예로 들면, 어떤 사람은 옷을 구입하는 것을 좋아한다. 매장에 나가 이런저런 옷들을 구경하며 입어 보고 어떤 옷이 새로 나왔는지 호기심으로 가득하다. 패션 잡지에서 특이한 옷을 찾아보는 것도 좋아하고 단순히 보는 것에 그치지 않고 쇼핑백을 들고 나와야 직성이 풀린다. 반면에 어떤 사람은 옷을 만드는 것을 좋아한다. 자신만이 생각해 낸 독창적인 디자인을 실제로 만들어 보고 사람들에게 입혀 보는 것을 좋아한다. 좋아하는 대상이 옷이라고 해도 이렇게 활동 여하에 따라서 다르게 해석될 수 있다.

책을 좋아하는 사람도 여러 가지 다양한 활

동으로 구분된다. 어떤 사람은 책을 읽는 것을 좋아하고 어떤 사람은 책과 같은 인쇄물을 좋아하기도 한다. 즉, 책의 내용을 좋아하거나 책의 디자인을 좋아하는 것과 같이 활동 여하에 따라 달리 해석할 수 있는 것이다.

음식을 좋아하는 사람도 먹는 것을 좋아할 수 있고 만드는 것을 좋아할 수도 있다. 어떤 사람은 음식을 잘 차려 놓는 것에 관심이 있는가 하면 어떤 사람은 음식의 재료가 갖고 있는 효능에 관심을 두기도 한다.

컴퓨터를 좋아하는 사람 중에서도 컴퓨터를 조립하는 것과 같이 기계적인 측면에 관심을 두는 유형이 있고, 컴퓨터를 이용해서 사용할 수 있는 프로그램을 만드는 것에 관심을 두는 유형이 있다. 또는 컴퓨터에서 제공하는 각종 프로그램을 응용해서 새로운 작업을 하는 것에 관심이 있는 사람들도 있기 마련이다.

이와 같이 자신이 좋아하는 대상과 함께 관련된 활동까지 파악했다면 이제는 그 본질에 대해서 알아보기로 한다. 좋아하는 대상의 본질을 이해한다면 결국 자신에게 적합한 성향과 그에 따른 진출 분야를 판단하고 결정하는 데 매우 중요한 연결고리를 마련하는 셈이다.

�֎ 좋아하는 대상의 본질

자신이 좋아하는 대상과 그 연관 활동이 갖고 있는 공통적인 개념적 본질을 이해하는 것은 매우 중요하다. 특정한 아이템의 어떤 성질 때문에 좋아하게 된 것인지를 아는 것은 결국 미래에 자신이 추구해야 할 성향과도 직결되기 때문이다. 개념적인 본질은 결국 그 대상이 갖고 있는 궁극적인 기능이나 역할의 핵심을 설명해 주는 것으로, 대부분 추상적으로 표현된다.

책을 좋아하는 사람에게 책이란 과연 어떤 개념이며 그 본질적 의미는 어떻게 다가올 것인가? 흔히 책은 마음의 양식이라고 한다. 사람들에게 지식을 전달해 줄 수 있는 소중한 도구이기도 하다. 책을 통해 사람들은 정보와 지식을 나눌 수 있고 감동과 깨달음을 전해 받기도 한다.

이런 과정을 통해 사람들에게 지혜를 얻게 해 주기도 하고 오랜 세월을 거쳐 인류의 문명을 이어 주는 중요한 역할도 한다. 결국 책을 좋아한다는 것은 책을 통해 사람들에게 깨달음과 지혜를 줌으로써 문명적 발전에 기여하는 역할을 선호한다는 것으로 해석할 수 있다.

어떤 사람이 책을 좋아한다고 해서 단순히 나중에 서점이나 출판사를 운영하거나 작가가 되는 것이 낫겠다는 등으로 해석하는 것은 지극히 위험한 발상이 될 수 있다. 왜냐하면 책의 본질적인 의미를 이해하게 되면 인류 문명의 발전과 사람들의 지적 깨달음을 위해 매우 다양한 형태로 역할을 수행할 수 있기 때문이다. 그런 무한한 잠재력을 가진 사람이 단순히 서점, 출판사, 작가 등의 한 가지 직업만을 목표로 살아간다면 그 사람의 인생이 과연 얼마나 행복할 것인가?

어린 시절 엄마의 화장품에서 나는 향기와 바르면 예뻐진다는 것에 매료되어 화장품을 좋아하게 된 사람이 단지 예쁘게 꾸며 준다는 화장품의 본질적 기능만 염두에 두고 화장품 만드는 일을 목표로 삼는 것은 지극히 편협적일 수 있다. 미래를 더 넓게 바라본다면 사람들의 몸과 마음을 '아름답고 예쁘게 해 주는 일'을 자신의 목표로 삼는 것이 바람직하고 그 가능성도 무한할 것이다.

아름다움이라는 것을 추구하게 되면 그에 해당하는 대상이 매우 광범위해진다. 화장품도 그중 한 품목이 될 수 있고, 아름다워지기 위해서는 건강이 절대적으로 필요하기 때문에 경우에 따라서는 건강을 위한 품목이나 활동도 그 범주 안에 들어갈 수 있다. 이처럼 시작은 화장품을 좋아한 것이었지만 궁극적으로는 여러 방면의 아름다움을 추구하는 것을 자신의 목표로 삼아 다양한 경험과 선택을 하는 것이 자신의 평생 업을 성취하는 데 큰 도움이 된다.

- 자신이 좋아하는 대상은 탐이 나도록 갖고 싶은 것, 평생 함께해도 좋을 것, 어릴 적에 좋아할 계기가 있었던 것 등이다.

- 자신이 좋아하는 대상뿐만 아니라 그것과 연관된 활동을 파악하라.

- 자신이 좋아하는 대상의 본질적 의미를 파악하여 추구해야 할 목표로 삼아라.

제2요소 : 나의 성향과 분야

　　성향은 자신의 성격과 취향에 대한 특징을 나타내는 것으로, 여기에서 말하는 성향과 분야는 당신이 평생 몸담고 싶은 업무 계통, 즉 당신의 활동무대로 적합한 것이 무엇인지 알아내는 것이다. 성향은 자기가 좋아하는 것이 아니라 자신의 고유한 스타일을 나타내는 것이다. 따라서 '나는 이런 성향이 좋아!'라며 찾는 것이 아니라 자신의 스타일을 잘 나타내 주는 것을 선택해야 한다.

　　흔히 의료계나 법조계 등과 같이 좁은 의미의 직업 계통을 말하지만 여기에서는 그보다는 더욱 포괄적으로 생각해야 한다. 왜냐하면 계통의 포괄적 본질을 이해하는 것이 자신의 성향과 결부시키는 데 무척 중요하기 때문이다.

　　성향과 분야는 모두 10가지 유형으로 구분되어 있다. 이 10가지 유형 중에서 당신에게 가장 이상적인 것을 찾아야 한다. 가장 이상적인 것이라는 뜻은 '평생 동안 그 분야에 있을 것인가?' 하는 가정에 얼마나 부합하는지에 따라 판단하면 된다.

다른 한편으로 수월하게 찾을 수 있는 방법 중에 하나는 유전적 환경을 살펴보는 것이다. 부모와 친척들이 주로 활동하는 분야에서 공통점을 찾아낸다면, 그것이 바로 당신이 자연스럽게 활동할 수 있는 분야이기도 하기 때문이다.

그렇게 하여 10가지 유형 중에서 우선순위를 정할 수 있으며, 최종적으로 자신이 평생 몸담을 분야가 무엇인지 모습을 드러내게 된다.

✿ 유전적 환경 분석

어렸을 때부터 어머니로부터 자주 듣던 말씀 중 하나가 "정승 집에서 정승 난다"는 것이 있었다. 집안 내력이 중요하다는 뜻으로 아이들은 환경에 영향을 많이 받기 때문에 집안 어른들이 잘해야 자식들도 잘된다는 교훈으로 풀이해 주시곤 했다.

모두가 그런 것은 아니겠지만 주위를 보면 그런 경우가 종종 있다. 집안에 의사가 여럿 있는 경우에 자손들이 대다수 의과대학에 진학하거나, 2대 혹은 3대에 걸쳐 법조계에 종사하는 집안도 있다. 일가친척 중에 사업을 하는 사람이 많은 집안은 결국 업종이 다를 뿐 대부분 사업에 종사하기도 한다.

반면에 집안 친척들이 종사하는 직종이 매우 다양한 경우도 많다. 각자의 개성이 강해서 그럴 수도 있겠지만 서로 처한 환경이나 상황에 변화가 많아 자의보다는 타의에 의해서 직종을 선택하게 된 경우가 대부분이다. 이런 경우에는 나이가 들면서 자신이 비록 지금은 이런 직종에 종사하지만 사정이 허락했다면 어떤 직종이 적합했을 것이라는 사실을 깨닫는 수가 많다. 그러므로 자신의 성향을 알기 위해서는 부모나 친척 어른들이 깨달은 공통된 성향이 무엇인지 분석해 내는 것이 중요하다.

　1차적으로는 직계 부모의 성향과 활동 분야를 통해 자신에게 적합한 성향과 진출 분야를 가늠해 보도록 한다. 여기에서 주의할 점은 자신이 친탁인지 외탁인지를 구분해서 평가해야 한다는 것이다. 부계의 영향을 많이 받았는지 모계의 영향을 받았는지는 집안 어른들의 평가가 가장 현실적이다.

　2차적으로는 부계와 모계 친척들의 성향과 활동 분야를 조사하여 종합적으로 평가해 본다. 그들이 종사하는 대표적인 직종을 파악하고 공통적인 성향이 무엇인지 분석하는 것이다.

　최종적으로는 자신과의 연관성 평가를 통해 자신에게 가장 적합한 성향이 부계에서 비롯한 것인지 모계에서 비롯한 것인지 판단하고 그들의 공통적인 성향 중에서 어떤 점이 나와 일치하는 것인지 찾아내도록 한다.

■▪ **셀프 워크시트** : 유전적 환경 분석에 의한 성향 · 분야 파악

구 분		대표적 능력	공통적 능력	자기평가
부계	아버지			
	친척			
모계	어머니			
	친척			

❀ 이상형 탐색

만일 유전적 환경 분석으로 자신의 성향을 잘 파악하기 어렵다면, 이번에는 다른 방법으로 성향과 진출 분야를 가늠해 볼 수 있다. 그 방법들을 설명하기에 앞서 우리가 일반적으로 알고 있는 전통적인 적성검사의 불편한 진실에 대해서 알아보기로 한다.

청소년기에 접어들면서 각 학교마다 진로교육의 일환으로 적성검사를 실시한다. MBTI나 애니어그램과 같은 전통적인 분석 방법을 통해 개인별 적성과 진로 분야를 평가하는데, 검사를 경험한 대부분의 학생들은 그 결과에 흡족해하지 못하는 것을 발견하게 된다. 결과를 받아 보면 자신의 적성이 무엇인지 오히려 더 헷갈리고 모든 결과에 다 해당되는 것 같다고 한다. 그러다 보니 또 다른 적성검사 프로그램에 관심을 기울이기도 하지만 그 결과에 만족하는 경우는 매우 드물다.

이렇듯 적성검사의 불편한 진실은 과연 무엇 때문에 생기는 것일까? 수많은 적성검사의 내용이나 방법이 잘못된 것은 아니다. 그보다는 검사 결과에 대한 해석이나 활용에서의 문제를 지적할 수 있다. 또한 적성검사에 대한 왜곡된 기대가 한몫을 하기도 한다. 마치 점괘를 보듯이 적성검사를 하면 자신의 미래에 대한 정답이 나오는 것처럼 기대하기 때문에 진로에 대한 방향을 제시하면 구체적인 해석을 하지 못하고 오히려 결과가 모호하다며 귀를 닫아 버리기 일쑤이다.

한편으로는 자신의 현실을 인정하지 않고 이상적인 모습만 추구한 나머지 검사 결과를 받아들이지 않기 때문이기도 하다. 자신의 본모습은 알지도 못한 채 남들이 좋아하는 것만을 무작정 따라가려는 욕심으로 인해 갈수록 현실과 이상의 괴리감만 더해 가는 일이 벌어진다. 이런 불편한 진실에 대해서 가장 현명한 대처 방법은 자기 스스로를 인정하고 체계적으로 평가하여 미래를 설계하는 것이다.

여기에서는 두 가지 방법을 제시하고자 한다. 과학적인 분석 방법이 아닌 매우 실용적인 방법이므로 부담 없이 자기 진단과 평가를 하면 된다.

첫 번째 방법은 '롤 모델 탐구법'이라는 것인데, 자신의 이상적인 롤 모델이나 마음에 간직하고 있는 영웅은 누구인지 찾아보는 것이다. 어린 시절 책에서 읽었던 영웅들의 이야기도 있을 것이고, 청소년 시기에 신문, 라디오, TV, 인터넷 등의 매체를 통해 잘 알려진 인물 중에 자신이 닮고 싶은 대상도 있을 것이다. 주의할 점은 그 인물들이 인생의 전성기를 지낸 모습을 대상으로 탐구해야한다는 것이다. 젊은 시절에 반짝하고 나타난 모습에 매료되어 롤 모델을 삼는 것은 위험할 수 있기 때문이다.

롤 모델은 한 사람이 될 수도 있고 여러 사람이 될 수도 있다. 중요한 것은 그 대상을 선정한 이유를 기록하는 것이다. 어떤 면에 감명을 받아 자신의 이상적인 모델이 되었는지 파악하는 것이 중요하다. 결국 그 이유가 자신의 대표적인 성향을 말해 주는 것이며 궁극적으로는 자신이 추구할 분야이기도 하다.

대학에서 학생들을 가르치고 있는 나의 이상형은 누구였을까 곰곰이 생각해 본 적이 있다. 바로 재작년의 일이었는데, 그때 생각해 낸 사람이 바로 초등학교 시절 교과서에서 읽었던 '페스탈로치 선생님'이었다. 결코 교사에 대한 흥미도 꿈도 없던 내가 어느새 교사가 된 지금 돌이켜 생각해 보니 그 시절 읽은 그 이야기가 그냥 스치듯 지나간 것이 아니었다는 생각이 든다.

두 번째 방법은 일명 '직함 낙서법'이라는 것이다. 이것은 직함을 떠올려 보고 자신의 성향에 어울리는 것을 찾는 방법이다. 이 세상에는 다양한 직업이 있듯이 매우 많은 직함이 존재하는데, 사회 활동에서 개인의 직함은 그 사람의 모든 것을 대표하는 상징적인 것이다.

이미 다양한 직업을 소개하는 책자도 많이 나와 있으므로 각종 자료를 참고하여 직함을 탐색하는 것도 도움이 된다. 구체적인 방법은 자신의 이름에 여러 가지 직함을 하나씩 대조해 가면서 마음에 드는 직함을 추려내는 것이다.

예를 들면 김철원 경장, 김철원 대표, 김철원 부장, 김철원 변호사, 김철원 사장 등으로 붙여 보는 것이다. 그중에서 자연스럽게 연결되는 직함들을 정리해서 가장 대표적인 것들을 종합해 보면 자신에게 적합한 성향이나 진로 분야에 대한 연결고리를 발견해 낼 수 있다. 개인적으로는 20대에 해보았던 방법인데 그 당시 가장 마음에 든 직함이 딱 두 개가 있었다. 하나는 과장, 다른 하나는 교수였는데, 지난 세월을 돌이켜보니 기업체 근무 당시 경력사원으로 입사했는데 과장 직함을 받아서 차장 승진을 앞두고 퇴사했고, 그 이후 대학 교수가 되었으니 스스로도 놀랄 정도의 예견이 아니었나 싶다.

■▪◦ 셀프 워크시트 : 이상형 탐색에 의한 성향 · 분야 파악

구분	평가 결과	이유
롤 모델 탐구법		
직함 낙서법		

Key note

- 유전적인 성향과 재능을 찾아내는 것이 가장 수월한 방법이다.

- 유전적 탐색이 어렵다면 자신의 이상형을 찾아낸다.

- 자신에게 어울리는 직함이 무엇인지 찾아낸다.

✿ 성향 · 분야 10가지 유형

각 유형에 대한 개념 설명을 잘 이해한 후 자신에게 가장 적합한 성향과 분야는 어느 것인지 최종적으로 선택하고 10가지에 대한 우선순위를 정하도록 한다. 최우선순위의 성향과 분야는 마지막에 나오는 '자기 평가 해석을 위한 워크시트'에 기입하도록 한다.

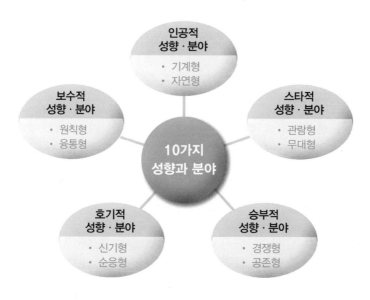

◆◆ 성향과 분야 10가지 유형

최종 선택을 쉽게 하는 방법

1. 당신은 10가지 성향을 모두 갖고 있으며 우선순위가 존재합니다.

2. 5대 그룹으로 나누어진 성향·분야는 서로 대립되는 두 가지로 구성되었습니다. (예를 들면 인공적 성향·분야 그룹은 자연형－기계형)

3. 5대 그룹별로 당신의 내면을 잘 설명하는 성향·분야를 각각 1개씩 선택하여 모두 5개의 상위 성향·분야를 도출합니다. 내가 평생 가야 할 길이 둘 중에 하나라면 과연 어느 성향·분야를 선택할 것인가?

4. 선택한 상위 성향·분야 5개에 대해 1위부터 5위까지 순위를 정합니다.

5. 하위 성향·분야 5개에 대해서도 6위부터 10위까지 순위를 정합니다.

6. 상위 5개와 하위 5개를 종합적으로 상대평가하여 최종적인 순위 1~10위를 결정합니다.

그룹 1 인공적 성향 · 분야

어떤 사물을 다루는 분야에 대한 당신의 적성과 취향을 평가하는 것이다. 예를 들어 컴퓨터나 전자기기와 같은 것을 잘 다루다거나 그런 기계적 환경이 편안한지 혹은 동식물과 같은 자연생태적인 것을 자연스럽게 대하거나 잘 다루는지 등에 따라 판단할 수 있다. 당신이 평생 함께할 분야라고 가정한다면 선택 결정이 더욱 수월해질 수 있다.

● 기계형 성향 · 분야

　여기에 속하는 사람들은 디지털 기기는 물론이고 첨단기술에 의한 문명적인 환경과 잘 어울린다. 자동화된 처리 방법이나 시스템 환경에 쉽게 적응하고 효율성에 민감하다. 어릴 적부터 라디오나 시계 등에 호기심이 많고 그런 물건들을 만지는 것을 좋아했거나 성장하면서도 컴퓨터, 전자기기 등에 관심이 많고 집착하는 성향이다.

　공학 계열의 엔지니어, 연구생산직, 기업조직의 전산담당자나 기술직이 대표적이며, 어느 분야를 막론하고 기술과 관련된 업무나 직종이 여기에 해당된다.

● 자연형 성향 · 분야

자연과 연관되어 순리적인 질서와 여유를 선호하는 성향과 분야를 말한다. 여기에 속하는 사람들은 생태적인 환경에 잘 어울리며 농수축산물과 같이 자연에서 생산되는 품목을 대상으로 직접 생산하거나 가공 또는 유통, 거래 등에 종사하는 경우가 많다. 어려서부터 동물을 좋아하거나 산이나 바다, 나무 등의 생명체에 관심이 많은 사람들이 여기에 속한다.

1차 산업이 대표적인 자연생태형 분야에 해당되며 나아가 자연생태적 산물을 가공하거나 다루는 분야도 여기에 속한다.

그룹 2 보수적 성향 · 분야

보수적이거나 고지식한 성향으로 기준, 규칙, 규범 등
과 같은 원칙에 따라 일처리를 하는 것이 수월한가?
아니면 상황이나 환경 변화에 따라 그때그때 합리적
으로 판단하고 행동하는 것이 수월한가?

● 원칙형 성향 · 분야

여기에 속하는 사람들은 자신만의 원칙에 철저한 성향으로 고집스러울 정도로 남과 타협하지 않고 자존심이 무척 센 편이다. 길을 가다가 교통신호를 위반하거나 기본적인 질서를 어기는 사람들을 보면 화를 내거나 한마디라도 해야 직성이 풀린다.

보수적인 것을 싫어하면서도 약속을 지키거나 규칙을 준수하는 것을 당연하다고 생각하고 이를 어기는 게 불편하거나 화가 날 정도라면 원칙형 성향을 가졌다고 볼 수 있다. 예술가와 같이 창조적인 분야에 종사하는 사람들은 매우 자유롭게 비쳐지지만 실상은 자신만의 고유한 원칙을 철저히 지키는 원칙형 유형에 속하는 편이다.

법률을 다루거나 집행하는 분야, 행정적인 원칙이 강조되는 분야, 정의를 실천해야 하는 검찰이나 경찰, 교육 분야, 재무나 전산업무와 같이 원칙을 고수하는 분야에 적합한 유형이다.

● 융통형 성향 · 분야

여기에 속하는 사람들은 계산 능력이 빠른 편으로 남들과 타협을 잘하고 사리판단에 능한 편이다. 명분보다는 실리를 추구하며 사람들과의 협상이나 중재를 잘한다. 어려서부터 친구들 사이에 다툼이 일어나면 나서서 화해를 잘 시키는 스타일이다.

또한 생각하는 바나 목적이 있다면 다소 손해를 보더라도 일단 일을 성사시키는 유형이다. 원칙형들이 명분을 중요시하여 자칫 손해 보는 일이 많다면 융통형들은 목적을 달성하기 위해 진행과정에서 발생하는 사소한 손해들은 감수하면서 일을 추진하는 편이다. 즉, 명분이나 원칙보다는 성과에 더 큰 의미를 둔다.

개인적인 이익보다는 집단의 이익이나 공통 관심사가 지속될 목적으로 일을 추진하는 스타일로서 사업, 무역, 협상, 중재, 판매 계통의 일에 적합한 유형이다.

그룹 3 호기적 성향·분야

기이하거나 호기심을 자극할 만한 물건이나 상태에
나도 모르게 다가서거나 그런 것들을 잘 만지는가?
아니면 기존의 체계를 바꾸거나 변화를 주는 것이 불
편하고 물건을 보관하거나 보존시키는 일 혹은 누군
가 지시한 일을 하는 것이 편안한가?

● 신기창조형 성향 · 분야

신기한 것에 관심이 많고 호기심이 가득한 스타일로 늘 '왜 그럴까?'라는 의문을 달고 산다. 이유나 원인을 모르면 아무리 좋은 것이라도 선뜻 받아들이기 어려운 사람들이다. 자신 이외에도 남들에게 이유를 꼭 따져서 물어야 속이 풀리는 유형으로 새로운 것에 대한 흥미와 호기심이 늘 솟아난다.

어려서부터 집 안에 있는 모든 물건을 전부 뜯어 봤다거나 기계를 보면 그 속이 궁금해서 못 견디는 성향으로 모든 과학 관련 분야나 이공 계통의 일들을 하기에 적합한 유형이다. 의학 계통에서 종사하는 의료진들 중에 이런 성향에 속하는 사람들이 꽤 많은 편이다.

● 순응유지형 성향 · 분야

안정적인 것을 추구하며 자신에게 익숙한 환경이나 업무를 할 때 편안하고 자기 능력을 충분히 발휘하는 스타일이다. 성과 중심적이고 관리에 능하며 빠른 변화보다는 지속적인 평화로움을 추구하는 유형이다.

순리적인 것에 대한 믿음이 크고 어떤 변화를 주더라도 결과는 대동소이하다는 견해가 지배적이며, 정리정돈과 같이 질서정연한 모습을 선호한다. 조직적이고 서열과 계급이 뚜렷한, 형식적이고 위계질서가 강조되는 분야에 적합한 유형이다.

그룹 4 승부적 성향 · 분야

어릴 적부터 내기를 좋아하거나 승부를 걸어야만 동
기가 충만해지고 일에 재미가 더해지는가? 아니면 모
든 구성원이 화합하거나 단결하여 공동의 이익을 추
구하는 일이 편안하고 좋은가?

● 경쟁형 성향 · 분야

여기에 속하는 사람들은 무엇이든지 승부 내기를 좋아하여 도전적인 성향이 강하다. 꼭 이기지 않더라도 게임을 통해 항상 자신을 평가하는 것에 익숙하다. 결과도 중요하지만 그것보다는 참여 과정에서 최선을 다하는 것에 더 큰 매력을 느낀다. 이긴다면 기분이 좋지만 설령 졌다고 해도 그다지 낙담하지 않는 편이다. 승부하는 자체를 좋아할 뿐 그 결과에는 그다지 연연하지 않기 때문이다.

무슨 말만 꺼내도 "내기 할래?" 하고 다가오는 사람들이 전형적인 경쟁형 성향이다. 내기에 대한 거부감을 표시하면 "재미로 하는 건데"라며 아쉬워하는 편이다. 스포츠, 게임, 증권가, 마케팅, 순위경쟁이 필요한 분야들은 모두 이 유형에 속한다.

● 공존형 성향 · 분야

내가 이기는 것보다는 승부 없이 다 만족하길 바라는 스타일로 평화를 지향하는 성향이 강하여 남에게 양보나 배려와 같은 이타적인 환경에 있는 것이 편안하다. 남과 승부를 결정짓는 것이 부담스럽기 때문에 이긴다고 해도 흥분할 정도로 희열을 느끼기보다는 오히려 불안해할 정도로 부담스러워한다.

반대로 승부에서 졌을 경우 겉으로 내색하지는 않지만 속으로는 상처를 크게 받는다. 남보다 패배에 대한 상처가 크기 때문에 승부를 꺼리는 경향이 있을 수도 있다.

사람들을 도와주는 서비스 계통, 봉사와 같은 사회사업, 팀워크를 필요로 하는 조직업무에서도 조력자 또는 희생자 역할, 남의 주목을 받는 것보다 음지에서 헌신하는 스태프, 종교 단체 등의 활동 분야들이 이 유형에 속한다.

그룹 5　스타적 성향 · 분야

무대와 같은 곳에 나가 남의 주목을 받으면 더욱 자연
스럽고 힘이 나는가? 오히려 남이 보고 있으면 주눅
이 들거나 긴장을 해서 본연의 모습을 보이기 힘들거
나 남이 하는 것을 보고 평가하거나 바라보는 것이 편
안한가?

● 무대형 성향·분야

이런 유형의 사람들은 남의 주목을 받는 것에서 나아가 각광 받는 것에 민감하고, 칭찬을 받거나 인정받는 등 명예욕구가 충족되면 왕성한 동기가 유발된다. 남들의 시선에 대하여 예민한 편으로 그로 인해 쉽게 상처를 받기도 한다.

남 앞에 나서는 것을 좋아하지는 않아도 그런 상황이 되면 어쩔 수 없이 몸이 나서는 사람이라면 전형적인 무대형 성향이다. 강단이나 무대에 서서 강연을 하거나 쇼를 진행하는 분야처럼 교육 종사자나 예체능계 또는 정계도 이 유형에 적합한 분야이다.

● 관람형 성향 · 분야

이런 유형의 사람들은 전체적으로 시야가 넓은 편으로 남을 도와주거나 받쳐 주는 역할에 능하다. 자신이 조명을 받으면 움츠러들지만 남이 주목받도록 도와주거나 아이디어를 제공하는 것은 편안하다. 심사숙고한 스타일로 신중하며 비평하는 것에 능통하다.

남 앞에 나서는 것보다는 다른 사람들의 모습을 세심하게 관찰하고 사소한 것 하나도 놓치지 않는 스타일이다. 그래서 기발한 아이디어를 떠올리거나 상대방의 단점이나 보완해야 할 점들을 상세하게 평가하고 제시할 수 있다. 리더들의 참모 역할이나 평론, 해설, 컨설팅 계통이 여기에 속한다.

이상의 10가지 성향·분야에 대해서 우선순위를 평가하여 자신의 대표적인 성향과 진출 분야를 가늠해 본다. 아래의 워크시트를 이용하면 쉽게 구분할 수 있다.

■■■ **셀프 워크시트** : 나의 성향 · 분야 베스트 10

성향 · 분야	상위 5	순위 (1~5)	하위 5	순위 (6~10)
인 공				
보 수				
호 기				
승 부				
스 타				

* 6~10위로 평가했더라도 상위 1~5위에 해당할 수 있으므로 최종 순위는 종합적인 상대평가를 통해 결정하도록 한다.

제3요소 : 나의 재능은?

재능은 선천적으로 타고나는 능력으로 절대로 남보다 우월한 것을 의미하지 않는다. 뛰어난 능력이 아니라 자신이 할 수 있는 일이나 능력 중에서 가장 쉽고 자연스럽게 되는 것을 찾으면 된다.

재능에 대한 평가에서 어려움을 겪는 이유 중에 대표적인 것이 바로 남보다 뛰어난 것을 찾으려는 잘못된 생각에서 비롯된다. '난 왜 남들보다 잘하는 것이 없을까?' 하는 것은 어릴 적부터 남들과 비교하는 잘못된 관습에서 시작된 것이기 때문에 설령 어렵게 느껴질지는 몰라도 자신에게 집중하여 찾아본다면 의외로 수월하게 자신의 재능을 찾을 수도 있다.

재능 유형도 10가지로 구분하여 제시했는데, 그중에서 가장 자신 있는 유형을 선택하여 최종적으로 자신의 능력을 평가하는 대표 유형으로 활용하도록 한다. 재능에 대한 포괄적인 개념을 설명하고 있으므 이른바 공부를 잘한다, 축구를 잘한다, 무용을 잘한다 등과 같은 표면적인 능력을 생각하지 않도록 한다. 더욱 근본적인 능력의 유형을 제시하였으므로 유형별 개념을 잘 숙지하도록 한다.

재능 역시 선천적인 성격이 강하기 때문에 유전적인 환경 분석을 통해 자신이 갖춘 능력을 우선적으로 고려해 보는 것도 수월한 방법이며, 자신을 잘 아는 주위의 평가도 반영하여 최종 선택하도록 한다.

✿ 유전적 환경 분석

여기에서도 앞의 성향과 분야에서 설명한 바와 마찬가지로 부모와 일가친척들의 재능적 측면을 분석하여 자신의 유전적인 재능이 무엇인지 찾아보도록 한다.

1차적으로는 직계 부모의 업무적 재능을 통해 자신에게 적합한 성향과 진출 분야를 가늠해 보도록 한다. 여기에서 주의할 점은 자신이 친탁인지 외탁인지를 구분해서 평가해야 한다는 것이다.

2차적으로는 부계와 모계 친척들의 업무적 재능을 조사하여 종합적으로 평가해 보는 것이다. 그분들이 종사하는 대표적인 직종을 파악하고 각자 잘 해내는 능력이 무엇인지 분석하는 것이다.

최종적으로는 자신에 대한 평가를 통해 자신이 물려받은 재능이 부계에서 비롯한 것인지 모계에서 비롯한 것인지 판단하고, 그들의 공통적인 재능 중에서 어떤 점이 가장 자신 있게 발휘할 수 있는 것인지 찾아내도록 한다.

＊　　　＊　　　＊

재능적 요소를 평가하면서 주의할 점은 부모와 일가친척의 업무적 재능 이외에도 그들이 업무 활동과 관계없이 가장 자신 있고 수월하게 해낼 수 있는 능력이 무엇인지 살아오면서 깨달은 것을 우선적으로 찾아내는 것이다. 생활환경이나 주변 상황에 의해 천부적인 재능을 발휘하기 어려운 시절을 겪은 부모 세대에서는 뒤늦게 자신의 능력을 발견하지만 생계를 위해 어쩔 수 없이 업무 활동에 종사하는 경우가 허다했기 때문이다.

■▪▪ **셀프 워크시트** : 유전적 환경 분석에 의한 재능 파악

구 분		대표적 능력	공통적 능력	자기평가
부계	아버지			
	친척			
모계	어머니			
	친척			

재능 10가지 유형

각 유형에 대한 개념 설명을 잘 이해한 후 자신에게 가장 우수한 재능은 어느 것인지 최종적으로 선택하고 10가지에 대한 우선순위를 정하도록 한다. 최우선순위의 재능은 마지막에 나오는 '자기 평가 해석을 위한 워크시트'에 기입하도록 한다.

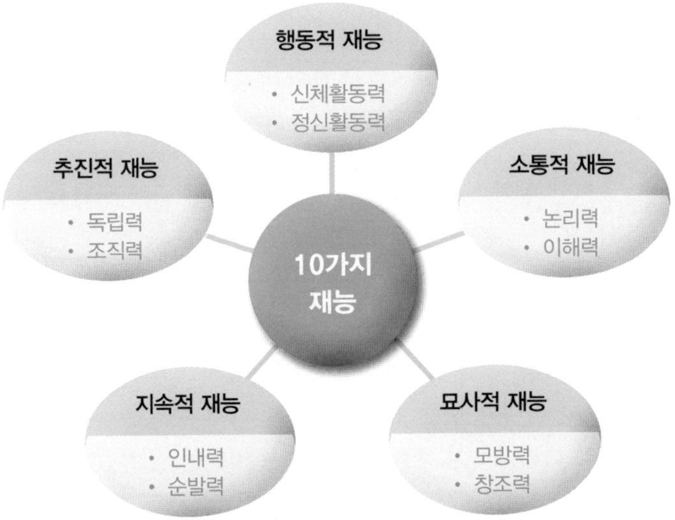

◆◆ 재능 10가지 유형

최종 선택을 쉽게 하는 방법

1. 당신은 10가지 능력을 모두 갖고 있으며 우선순위가 존재합니다.

2. 5대 그룹으로 나누어진 재능은 서로 대립되는 두 가지로 구성되었습니다. (예를 들면 소통적 재능 그룹은 논리력─이해력)

3. 5대 그룹별로 당신의 능력을 잘 나타내는 재능을 각각 1개씩 선택하여 모두 5개의 상위 재능을 도출합니다. 내가 평생 발휘해야 할 능력이라면 어느 것이 더 자신 있는가?

4. 선택한 상위 재능 5개에 대해 1위부터 5위까지 순위를 정합니다.

5. 하위 재능 5개에 대해서도 6위부터 10위까지 순위를 정합니다.

6. 성향 · 분야와 마찬가지로 상위와 하위 순위를 종합적으로 상대평가하여 최종적인 순위 1~10위를 정합니다.

그룹 1 행동적 재능

행동력에 관한 당신의 능력을 파악해 보자. 평소에 몸으로 하는 일과 머리로 하는 일 중에 어느 것에 더 자신이 있고 수월하게 되는가? 일부러 노력하지 않아도 머릿속에 생각이 넘쳐나거나 연상이 잘 되는 경우도 있고 무용이나 운동을 잘하거나 손재주가 좋은 사람이 있듯이 행동 유형에 따라 능력이 다르게 나타나는 것을 말한다.

◉ 신체활동력

신체활동이 발달한 사람들은 손재주가 좋을 수도 있고 신체적인 조건이 좋아 움직임이 왕성한 편이다. 몸놀림이 빠르지 않더라도 신체를 이용하여 하는 작업이 자연스럽고 수월하다. 어떤 일이 닥치면 일단 움직이고 생각하는 유형이라고 할 수 있다. 신체를 이용하는 활동이나 업에 종사하는 경우가 대부분이다.

신체활동력이 뛰어난 사람은 현실성이 강하거나 규칙적인 생활이 습관화된 경우가 많다. 휴일에 집에서 텔레비전을 보면서 쉬는 것을 싫어하고 산책이라도 나가야 직성이 풀린다. 성과 지향적이라 의사결정이 빠른 편이며, 일을 시작하면 목표를 향하여 집요하게 추진하는 유형이다.

운동, 생산, 영업, 사업, 언론계, 취재, 모니터링, 가이드, 행사 등과 같이 활동성이 강한 분야가 적합하며, 어떤 분야라도 주로 하는 업무의 내용이 활동적이라면 잘 어울린다.

● 정신활동력

　사고가 발달한 사람들은 의외로 의사결정을 쉽게 내리지 못하는 경향이 있다. 이런저런 경우의 수를 모두 생각하고, 계획이 치밀한 성격이라 어떤 일이 닥치면 해결 방법을 머릿속에 총동원하여 최적의 방법을 도출하지만 결과적으로는 아무 일이 일어나지 않는 시행착오도 생긴다. 머릿속에서만 일이 진행되었기 때문이다.

　소위 정신노동자들이 여기에 속하는데 모두가 그렇지는 않다. 순발력이 좋으며 평상시에도 머릿속에 생각이 가득하다. 언제 어디서든 집중을 잘하고 어떤 일에 대한 생각의 폭이 넓으며 아이디어도 쉽게 떠올린다.

　주위에서 볼 때는 일을 안 하는 것처럼 보이지만 거의 24시간 일을 하고 있는 셈이다. 꾸준히 하는 것에 약한 편이며 새롭고 기발한 것을 좋아한다. 상상력이 풍부한 반면 그로 인해 미래에 대한 걱정 따위를 사서 하는 편이다.

　기업에서 기획업무를 담당했을 때 일이다. 새로운 사업을 구상해야 하는데 업무시간이 끝난 후에도 일이 마무리되지 않는 경우가 허다했다. 그래서 퇴근하고 잠자리에 들어서도 사업 구상에 골몰하기 일쑤였는데 신기하게도 아침에 눈을 뜨면 기발한 아이디어가 번쩍하고 떠오르곤 했다. 그러다 보니 하루 24시간 내내 일하는 결과를 초래하게 되고 심지어 샤워나 식사를 하면서도 계속해서 일을 하는 등 거의 일중독에 빠지곤 했다. 정신활동력이 지나치게 왕성하면 이런 부작용도 생길 수 있으니 이런 사람은 운동과 같은 신체활동을 통해 균형을 맞추도록 해야 할 것이다.

행동력에 대한 평가는 상황이나 시기에 따라 다르게 나올 수도 있으므로 전체적인 모습을 보고 판단한다. 어느 편이 더 좋거나 나쁜 것이 아니라 자신의 성향에 대한 평가이므로 객관적인 사실 여부에 따라 평가하도록 해야 한다.

그룹 2   추진적 재능

일을 추진할 때에 혼자서 하는 것과 여럿이 조직적으로 하는 것 중에서 더 자신 있거나 효율이 높은 것은 어느 쪽인가? 혼자 일을 추진하면서 더욱 빠르게 성과를 내는 사람이 있는가 하면 반대로 조직에 있어야 규칙적으로 일하면서 아이디어가 만발하고 전체에 기여를 잘하는 사람이 있다.

● 독립력

여기에 속하는 사람들은 남의 간섭이나 구속받는 것을 싫어하는 경향이 있다. 비교적 자기 주관이 확실하고 자기에 대한 책임감이 강하여 자립도가 높다. 자기 관리나 자기 계발에 철저하고 지향하는 목표도 뚜렷한 편이다. 자존감이나 가치관도 남들보다 높으며 현실보다는 이상주의에 가까운 사람들이 많다.

자립심이 매우 강한 편이어서 남들에 대한 관심은 적고 오히려 무시하는 것처럼 보이기도 한다. 무엇이든지 자기만의 목표에 맞추어 차근차근 이뤄 나가는 것이 가장 효과적이며 꾸준한 자기 계발이 동기부여와 자기만족에 도움이 된다.

이런 능력이 뛰어난 사람은 사막에 혼자 떨어졌다고 해도 낙심하거나 불안해 하지 않는다. 우선 살아남기 위해서 해야 할 일이 자연스럽게 떠오르고 작은 일이라도 무언가 하기 시작한다. 그래서 머릿속에 '어떡하지?'라는 생각도 없다.

인기 많은 방송 프로그램 중에 사람의 손길이 거의 닿지 않은 오지에 가서 미션을 수행하는 것이 있다. 여기에 출연하는 사람들을 보면 다양한 능력을 고루 갖고 있다. 그중에서도 리더십이 강한 사람은 바로 독립력이 강한 유형이다. 그 사람은 혼자서 그곳에 가더라도 충분히 살아남을 수 있을 것처럼 보인다. 어떤 상황이 닥치더라도 주저함이 없이 곧바로 뭔가를 해내는 능력이 바로 독립력의 대표적인 모습이다.

순간적인 판단이나 결정 능력이 뛰어나며 추진 결과에 대해 후회가 거의 없을 정도로 자신에 대한 믿음이 강하고 긍정적이다. 사업가 중에서도 강한 결단력으로 카리스마가 넘치는 리더나 예술가, 작가 등과 같이 다양한 분야에서 개인 활동에 몰입하며 자신의 색깔을 잘 내는 전문가들이 이러한 능력의 소유자들이다.

● 조직력

다른 사람들과 소통과 교류를 잘하며 무리 속에 있어야 안정감을 얻는다. 섬기는 리더십과 같은 인간적인 측면을 높게 평가받는 유형으로 협동심, 자기 희생, 팀워크 기여, 봉사 등에 타고난 능력과 기질을 발휘한다. 조직력이 우수한 사람들은 고립되었을 경우에 어찌해야 할 바를 모를 정도로 당황하기 쉽다. 항상 주위에 시스템이나 인력이 뒷받침되어 시너지를 형성하는 것에 익숙하기 때문에, 혼자서 결정을 내리거나 일을 추진하는 데 어려움이 많다.

혼자보다는 전체를 생각하고 배려와 균형을 중요시하는 감각이 탁월하며 사적인 관심보다는 공적인 것에 더 큰 관심을 둔다. 자발적인 동기보다는 수동적인 업무수행에 강한 책임을 가지며 주위의 인정과 보상에 대한 충성도도 높다. 공공기관 행정업무, 프로젝트 활동, 기업체 근무 등에 대체로 적합하다.

그룹 3 지속적 재능

당신이 꾸준하게 무언가를 할 수 있는 사람인지 아니면 순발력 있게 해내는 사람인지 판단하기 위한 항목이다. 매번 규칙적으로 반복해서 해야 하는 일을 잘하거나 그것이 더 편한가? 아니면 스스로 스케줄을 정해서 한 번에 몰아서 하기도 하는 일관되지 않은 일이 더 성과가 좋거나 체질에 잘 맞는가?

◉ 인내력

여기에 속하는 사람들은 인내심이 많아서 꾸준한 연습이 필요한 운동이나 연주 등과 같이 기술적 난이도가 높은 일을 잘한다. 투자의 경우에 비유하면 주식과 같이 위험을 감수하는 종목보다는 연금이나 펀드와 같은 저축성 상품에 해당한다.

"태산이 높다 하되 하늘 아래 뫼이로다"라는 시구처럼 못 오를 것이 없는 잠재력을 가진 유형이다. 비교적 일에 대한 실수가 적고 정밀함을 추구하며 조직에 대한 기여도가 높은 사람들로서 변함없이 한결같다. 대기만성형의 사람들이 이런 유형에 속한다.

"가랑비에 속옷 젖는다"는 속담과 같이 꾸준함이 가장 대표적이며 목표가 생기면 아무리 그 과정이 힘들고 싫어도 차근차근 해낼 수 있는 근성이 있는 사람이다. 기술연구직 계통, 연주자, 운동선수, 분석연구직, 생산 계통 등의 업무에 능통하다.

● 순발력

인내력보다는 순발력이 월등히 우수하며, 주위 환경의 변화에 대한 대처 능력이 뛰어나서 시간이 흐를수록 환경 변화에 적응을 잘하는 스타일이다. 어렸을 때에는 산만하다거나 과묵하다는 평가를 받는 경우가 많은데 이는 대부분 생각이 많기 때문이다. 그래서 평소에 기발한 아이디어가 많고 그 생각들이 꼬리에 꼬리를 물어 무한한 상상의 나래를 펴기도 한다.

효율성을 중시하기 때문에 어떠한 일에 착수하기 전에 계획을 잘 세우고 그에 대한 효율성을 고려하여 실행 여부를 판단한다. 남들이 하는 것처럼 그대로 하기보다는 참신하거나 색다른 방법으로 추진하는 것을 선호한다.

프로젝트형 업무에 능통하고 참신한 아이디어를 내는 기획적인 업무를 잘하며, 새로운 것을 만들어 내는 연구, 광고기획, 문예와 작곡 같은 창작 활동, 남을 가르치거나 설명하는 것을 잘하는 유형이다.

그룹 4 묘사적 재능

사물이나 대상에 대한 묘사를 잘하거나 흉내를 잘 내
는가? 아니면 다른 것에 대한 관심보다는 나만의 세
계에서 독특한 아이디어를 내는 것이 수월하거나 자
연스러운가?

● 모방력

여기에 속하는 사람들은 대체로 관찰력이 뛰어난 편이다. 남들이 지나치기 쉬운 부분들이 눈에 잘 들어오고 그런 것들을 흥미로워한다. 그러므로 다른 것에 대한 수용력이 뛰어나며 사소한 것도 지나치지 않고 그것에 대한 의미부여를 잘하는 편이다.

항상 배우려는 성향이 강하고 다른 사람들이 비판하거나 핀잔을 주는 것에도 대응력이 강하다. 모방을 통해 제2의 창조를 추구하는 능력이 월등하여 항상 자신 이외의 것에 대한 관심이 높고 응용력이 뛰어나다.

세계적으로 유명한 영화배우들 중 몇몇은 특정한 역할을 맡아 연기를 하고 나면 몇 개월 동안은 심리치료를 받아야 할 정도로 그 역할에 몰입한다고 한다. 자신을 잊고 맡은 역할의 캐릭터에 빠지다 보면 촬영을 마친 후에도 본래 모습으로 돌아오기 어렵다는 것이다. 얼핏 보면 재미있을지도 모르지만 그들에게는 엄청난 고통임에 틀림없다. 그럼에도 불구하고 그 일을 계속하는 것은 좋아서만이 아니라 그런 능력을 갖고 있기 때문인 것이다.

작품을 창조하는 예술 계통이나 무엇인가를 모방하여 새롭게 만들어 냄으로써 사람들에게 감동을 주는 연예계에 종사하는 사람들은 특히 관찰력이 우수하며 이런 유형에 속하는 대표적인 인물군이라고 할 수 있다.

● 창조력

자기만의 창조성이 우수한 사람들은 남들에 대한 관심이 상대적으로 적으며, 자신만의 세계에 대한 집중력이 매우 높다. 상상력과 연상 능력이 뛰어난 편으로 사회적 규범, 규칙, 고정관념 등에 대해 대립하는 경향이 많아 고집스럽다는 평가를 받기 쉽다.

타인의 의견이나 생각에 대한 수용의지가 낮은 편으로 자칫 사회와 단절하기도 하는데 주위와의 타협이나 응용력이 필요한 유형이기도 하다. 독창성이 월등하게 높은 사람들은 일인자 혹은 개척자와 같은 성향을 보이기도 한다.

독불장군이라 불릴 만큼 독단적인 유형의 리더들이나 각계각층에서 자기 자신만의 노선이나 색깔을 강하게 내는 사람들, 자기 색깔이 분명하고 개성이 뚜렷한 예술가, 발명가 등이 창조적 능력이 뛰어난 편이다.

그룹 5 소통적 재능

소통력은 표현의 능력이나 대상에 따라 구분할 수 있다. 당신은 남에게 설명이나 표현을 잘하는가? 아니면 설명하여 이해시키는 것보다는 직접 하는 것이 쉽고 속이 편한가?

● 논리력

외향적으로 소통 능력이 뛰어난 편이며, 남들이 잘 이해할 수 있도록 설득하거나 메시지를 전달하는 능력이 탁월하다. 상황에 대한 설명을 일목요연하게 잘하여 타인을 이해시키거나 설득시킬 수 있는 유형이다. 결과에 대하여 반드시 타당한 이유가 있어야 하며 객관적인 논리에 의해 전개되는 식의 설명을 잘한다.

본인 이외에도 남이 하는 설명에 논리가 부적절할 경우 반드시 지적하거나 바로잡아야 편안하다. 어휘를 구사하는 능력과 조리 있는 말솜씨 또는 문서 작성 등에 능력을 발휘한다. 분야에 상관없이 조직의 구성원으로 매우 적합하고, 특히 프로젝트의 기획이나 참모 역할을 통해 일의 기반을 견고히 하는 역할에 적합하다.

기자·아나운서와 같은 방송계 종사자, 언변이 좋은 강사, 외교관, 변호사, 수학적 개념을 적용하거나 연구하는 분야, 객관적인 결론을 도출해야 하는 분야 등에 적합하다.

● 이해력

감성이 풍부하고 공감 능력이 우수한 사람들이 여기에 속한다. 자신이 말하기보다는 듣는 것을 잘하며 잘잘못을 따지기보다는 현재 벌어진 상황이나 상태에 대한 이해와 배려심이 크다. 오지랖이 넓다는 오해를 받을 수도 있지만 사소한 것에도 의미를 부여하여 그냥 지나치는 법이 없다.

만일 어떤 사람이 자신에게 화를 내면, 논리력이 우수한 사람은 '왜 화가 났을까' 하는 생각이 퍼뜩 들겠지만 이해력이 뛰어난 사람은 '저 사람 마음이 몹시 흥분했구나, 불쾌하겠구나' 하는 식으로 공감하는 편이다.

이해력이 풍부한 사람은 우수한 리더십을 보유하고 친화력도 뛰어나다. 사람들이 많이 따르는 유형으로 상담, 컨설팅, 협상, 중재, 교사, 각종 단체나 모임의 리더 등이
여기에 속한다.

이상 10가지 재능의 내용을 이해하고 다음 워크시트를 통해 자신이 갖고 있는 능력을 그 우선순위대로 평가하도록 한다.

■■ **셀프 워크시트** : 나의 재능 베스트 10

재 능	상위 5	순위 (1~5)	하위 5	순위 (6~10)
행동력				
추진력				
지속력				
묘사력				
소통력				

* 최종적인 순위를 결정하기 위해 상위(1~5위) 재능과 하위(6~10위) 재능을 다시 한 번 종합적으로 상대평가하여 결정하도록 한다.

자기 평가 해석을 위한 절차

1. '선호 종목'에서 도출된 내용을 처음 칸에 기입한다.

2. '성향·분야'와 '재능' 유형들에 대한 자신의 평가 결과 중 최우선순위를 워크시트에 먼저 기입한다.

3. 해당 유형이 선택된 이유나 배경을 기입한다.

4. 결과로 도출된 '선호 종목', '성향·분야', '재능'의 내용을 토대로 자신이 평생 함께하고 싶은 종목과 주로 활동할 분야 그리고 거기에서 발휘할 능력을 종합적으로 해석한다.

■▪■ **셀프 워크시트** : 자기 평가 해석

삼위일체 평가항목		3. 선택 이유 및 배경	4. 종합적 해석
요 소	평가 결과		
1. 선호 종목			
2.	성향 · 분야		
	재능		

워크시트 작성에 대한 이해를 돕기 위해 최근에 상담했던 한 대학생의 사례를 소개한다.

■■ **워크시트** : 자기 평가 해석 사례

삼위일체 평가항목		선택 이유 및 배경	종합적 해석
요소	평가 결과		
선호 종목	먹는 것	자연식 재료가 예쁨 새로운 맛 호기심	음식을 직접 만들거나 음식생활에 대하여 설명하고 가르치는 교육서비스업계에 진출하여 활동하는 것이 바람직함
성향 · 분야	원칙적 성향 · 분야	부모님 교육계 종사 규칙 준수가 편함	
재능	신체 활동력	손재주가 있음 부지런히 돌아다님	

위의 사례는 워크시트 작성에 도움을 주기 위해 단편적인 측면만 소개하고 있다. 만일 평가 내용에서 상위 요소들의 구분이 모호하거나 혼재되는 사람이라면 다음에서 설명하는 '삼위일체 Top 3로 보는 나의 진로'를 참고하도록 한다.

'삼위일체 Top 3로 보는 나의 진로'에서는 자신의 선호 종목, 성향·분야, 재능 등에 대한 종합평가를 오직 대표적인 1순위 한 가지씩으로만 조합해서 해석하는 것보다는 최소한 상위 세 가지 세부 요소를 종합하여 판단하도록 한다.

자신의 미래에 대하여 객관적이고 사실적인 목표를 설정하는 것이 중요하므로 세 가지 정도의 대표성을 지닌 세부 요소들을 종합하여 해석하는 것이 바람직하다. 그렇게 하면 자신의 성향과 재능에 대한 공통점을 발견하기 쉽고 자신의 목표를 한 가지에 국한하지 않고 여러 가지로 생각해 낼 수 있다는 장점이 있다.

〈 '삼위일체 Top 3 자기평가표' 작성 매뉴얼 〉
① 선호 종목을 기입한다.
② 자신의 성향·분야 중 상위 세 가지를 기입한다.

③ 재능 중 상위 세 가지를 기입한다.

④ 선호 종목과 성향·분야를 결합한 내용과 재능의 공통점을
정리하여 기입한다.

⑤ 중간평가를 모두 종합하여 공통된 내용으로 정리하여 기입한다.

자기평가표 : 삼위일체 Top 3로 보는 나의 진로

요소	우선순위	④ 중간평가	⑤ 나의 진로 종합평가
① 선호 종목			
② 성향 · 분야			
③ 재능			

■▪ 자기평가표 : 작성 사례

요소	우선순위	중간평가	나의 진로 종합평가
선호 종목	옷, 춤, 음악	예술적인 면을 남에게 보여 주기 위해 지속적으로 새로운 것으로 승부를 추구하는 분야	예술적이고 시선을 끌어들이는 소재를 대상으로 유행에 민감하고 사람들이 원하는 품목을 발 빠르게 만들어 제공함으로써 승부에 도전하는 사업 분야에 적합한 유형
성향 · 분야	1. 신기추구형		
	2. 경쟁형		
	3. 무대형		
재능	1. 신체활동력	관찰력이 뛰어나며 즉각적인 반응을 행동에 옮기는 능력이 우수함	예) 패션 브랜드 사업가, 공연기획 제작자 등
	2. 순발력		
	3. 모방력		

이렇게 종합평가를 통해 어떤 종목을 대상으로 어느 분야에서 어떤 능력을 발휘하는 직업 활동이 자신에게 가장 적합한 것인지 큰 그림으로 그려 볼 수 있다.

여기에서 그려 보는 큰 그림은 자신의 인생 그래프에서 전성기에 해당하는 40대 이후의 모습이므로 그것을 기준으로 20대와 30대에 학습적으로 경험해야 할 것들을 순차적으로 그려 본다면 그것이 바로 목표를 위한 추진과제에 해당되는 내용이 될 것이다.

　예를 들어 의류업계에서 자기만의 브랜드를 성공시키는 국제적인 패션 사업가의 큰 그림이 그려졌다면 20대에는 패션에 대한 학업과 단기 경험을 통해 기초를 다지고, 30대에는 전문적인 브랜드 기업에서 일을 하면서 경력을 쌓고 사업을 경험해 보는 게 타당할 것이다.

- 절대로 내 직업은 무엇인지 궁금해하거나 찾고자 하지 않는다.

- 특정한 직업을 찾아주는 단계가 아니라 나의 진정한 모습을 찾기 위한 작업이다.

- 특정한 직업만을 자기 목표로 생각하는 순간 행복한 꿈보다는 미래와 현실에 대한 걱정과 과거에 대한 후회로 좌절을 겪게 되기도 한다.

3 자기 목표

❀ 자기 미래 사분면 분석

앞에서 자신의 유형에 대하여 대략적인 윤곽을 이해했다면 보다 구체적으로 자기 성향에 따른 분야와 재능에 의한 결합을 통해 행복을 추구하기 위해 이상적으로 나아갈 방향과 목표를 구상해야 한다. 그것을 쉽게 이해하기 위해 사분면으로 구분하여 정리하는 것이 필요하다.

〈자기 미래 사분면 분석표〉는 모두 네 가지 그룹을 설명하고 있는데, 가장 이상적인 A그룹부터 D그룹까지 각자 고유한 특성을 갖고 있다.

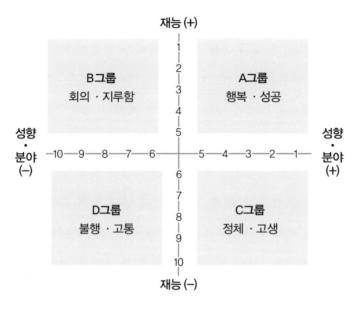

◆◆ 자기 미래 사분면 분석표

분석유형별 해설

• A그룹 : 당신의 최고 재능과 최적의 활동 분야가 결합되는 직업
  군이므로 최적의 조합을 찾아 활동하게 된다면 매순간 행복하고

향후 성공할 가능성이 매우 높다.

• B그룹 : 당신의 최고 재능이 발휘되지만 적합한 활동 분야가 아니기 때문에 일을 추진해 가면서 흥미가 점점 떨어지거나 의욕을 잃기 쉬운 직업군이므로 업무에 대한 어려움은 없으나 점차 지루해지거나 직업에 대한 회의감에 빠지기 쉽다. 향후 좋아하는 분야로 활동무대를 옮기는 것을 고려해야 한다.

• C그룹 : 당신의 재능은 부족하지만 적합한 활동 분야에 속하기 때문에 행복감은 높을 수 있는 직업군이나 능력 발휘에 한계가 있으므로 미래지향적이거나 발전적인 모습을 기대하기 어렵다. 시간이 갈수록 어려움이 많아질 수 있고 당신보다는 주변 사람들이 부담을 갖게 되므로 같은 분야에서도 자신의 재능을 재평가하여 그에 부합하는 업무를 찾는 것이 필요하다.

• D그룹 : 당신의 재능도 부족하고 적합한 활동 분야도 아니기 때문에 업무 활동을 하는 매순간이 고통스럽고 발전적인 미래도 기대하기 어렵다. 일차적으로 당신이 잘하는 능력을 발휘할 수 있는 업무로 전환하거나 같은 업무라면 가장 좋아하는 분야로 무대를 옮기도록 노력한 후에 최종적으로는 A그룹으로 이동하

는 목표를 세우는 것이 필요하다.

〈자기 미래 사분면 분석표〉를 활용하는 방법은 A그룹에서 상호 대칭이 되는 재능과 성향·분야들을 상호 연계하여 자신에게 가장 적합한 목표를 찾아가는 것이다. 자기 평가에서 성향·분야와 재능적 요소 각각 10가지씩을 편의상 상위 5개, 하위 5개로 구분하였다면, 성향·분야와 재능적 요소에서 각각 5개씩의 세부 유형들을 상호 조합하여 상위와 하위 두 그룹에서 각각 25개의 조합을 만들 수 있게 된다.

예를 들면, 재능의 신체활동력과 성향·분야에서의 기계적 성향·분야의 조합이 그중의 하나가 될 수 있다. 만일 당신이 도출한 상위 그룹의 25개 조합 중에서 '신체활동력―기계적 성향·분야'가 가장 자신 있고 마음에 드는 것이라면 그것이 바로 당신이 도전하고 추구해야 할 이상적인 '자기 목표' 그룹에 해당되는 것이다.

더욱 구체적인 목표를 찾는다면 '기계적 성향·분야' 중에서 '신체활동'이 가장 두드러진 일들이 무엇인가 찾아야 하는데 여기에 해당하는 직업군은 매우 많다. 예컨대 컴퓨터를 다루는 엔지니어나 기계장비를 다루는 직업도 이에 해당되고 건축물이 좋다면 건축물에 관련된 활동 중에서 찾을 수도 있다.

여기에 도움이 되는 것이 바로 제1요소인 '선호 종목'이다. 자신이 정말 좋아하는 대상을 선정하여 접목하면 된다. 예를 들어 어려서부터 자동차를 좋아했고 평생 자동차만 생각해도 좋다면 자동차와 관련된 분야로 구체화된다. 일단 자동차와 관련된 분야에 뛰어들어 여러 경험을 쌓다 보면 신체적 활동력을 요구하는 직무를 맡게 될 수 있다.

이처럼 자신이 좋아하는 일을 찾으면 자신의 능력 중에서 가장 뛰어난 역량을 발휘할 수 있기 때문에 직무 활동을 하면서 행복감을 느끼게 되고 당연히 우수한 성과를 내게 되는 것이다. 자동차업계에서 다양한 경험을 쌓다 보면 자신의 능력을 인정받는 기회가 반드시 찾아오고 그런 과정을 거쳐 40대 전후에 전문가로 자리매김하여 전성기를 맞게 되는 것이다.

어린 시절에는 대부분 특정한 직업 하나만을 찾으려고 고민하는데, 절대 그럴 필요가 없다. 고민해야 할 것은 바로 내가 좋아하는 기계적인 분야가 무엇인지 찾는 것이다. 그것이 만일 건축물이었다면 그와 관련된 공부와 경험을 쌓는 일이 급선무일 것이며, 점차 주어지는 기회에 따라서 나의 재능인 신체적인 활동력을 발휘하면 행복한 꿈을 향해 가까이 가게 되는 것이다.

〈자기 미래 사분면 분석표〉에 대한 이해를 돕기 위해 상담 사례 예시를 참고해 보기로 한다.

사례 학생 A군의 경우는 가장 적합한 성향·분야로 '원칙적인 성향·분야'와 '무대적 성향·분야'를 꼽았고, 대표적인 재능으로 '정신활동력'과 '순발력', '모방력' 등이 평가되었다. A군이 행복한 인생을 위해 선택하고 도전할 직업군을 그려 본다면 가장 먼저 '원칙적인 성향을 필요로 하는 분야'에서 '정신적인 능력을 요구하는 업무 활동'에 종사하는 것이 적합하다.

그렇지만 그 두 가지만 가지고 구체적인 직업군을 찾기는 다소 어려움이 있어 제1요소인 '선호 종목'을 접목하기로 하였다. A군의 경우에는 좋아하는 것이 다양했으나 결과적으로 '책'을 좋아하는 것으로 평가하였다. 그래서 평생 '원칙적인 환경에서 책을 다루며 정신적 활동을 펼치는 직무'가 그 학생에게 가장 적합한 것임을 알게 되었고 A군 역시 그 결과에 동의하였다.

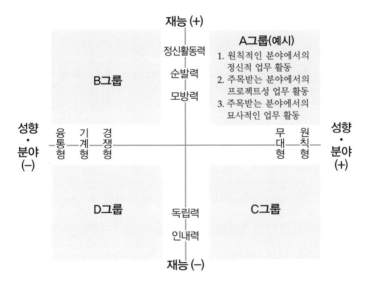

◆◆ A군 사례 : 자기 미래 사분면 분석표

책을 다루는 곳은 서점, 출판사, 도서관 등이 있고 원칙적인 성향과 분야로는 교육, 법조계, 경찰행정 등을 떠올릴 수 있었는데 A군은 이 가운데 법률에 많은 관심을 나타냈다. 그래서 법을 공부하고 나중에 강단이나 학교에서 법을 가르치는 직무로까지 구체화되어 법학자라는 꿈을 만들게 되었다.

이처럼 자기 평가 결과를 〈자기 미래 사분면 분석표〉에 적용하여 구체적인 자기 목표를 설정할 수 있다. 자기 목표는 무조건 가장 우수한 성향·분야와 재능적 요소 한 가지씩만 결합하여 만들 필요는 없다. 사람에 따라서 2~3가지 혹은 그 이상이 나올 수도 있으므로 각각의 조합에 따라 해석하고 거기에 선호 종목까지 적용해서 최종적인 자기 목표를 설정하는 것이다. 각자의 조합에 대한 해석은 전문가의 도움이 필요한 부분이지만 대략적인 윤곽을 살펴볼 수 있다.

다음에 제시한 셀프 워크시트에 자기 평가 결과 중에서 대표적인 성향·분야와 재능적 요소를 기입하고, A그룹에 각각의 조합에 대한 대략적인 윤곽을 담아 보도록 한다.

현재 직업을 갖고 있는 사람이라면 각각 10개씩의 세부 요소에 대한 우선순위를 그래프 축에 순서대로 기입하고 A, B, C, D 그룹

■▪ 셀프 워크시트 : 자기 미래 사분면 분석표

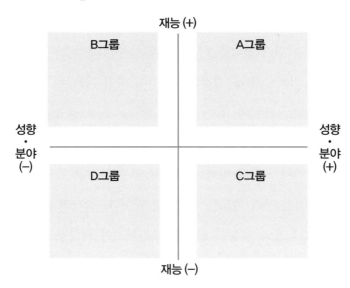

중에 자신의 현재 직업이 어디에 속하는지 분석한다. 만일 A그룹에 속하지 않는다면 현재 직업을 A그룹으로 이동시키기 위해 '성향 · 분야'를 옮겨야 할 것인지 아니면 '재능'을 발휘할 수 있는 직무로 변경해야 할 것인지 판단하여 변화를 추구해야 한다.

✤ 자기 목표의 해석

"꿈보다 해몽이 좋다"는 말이 있다. 어떤 꿈을 꾸었든지 그에 대한 풀이에 따라 길조인지 흉조인지 달라질 수 있다는 뜻이다. 물론 간밤에 꾼 꿈을 가지고 길흉을 점친다는 것이 미신과도 같은 것이라 그저 재미삼아 하는 말처럼 들리기도 하지만 자기 목표를 찾아야 하는 이 시점에서는 매우 의미심장한 말이기도 하다.

자기 목표를 구체화하는 작업에서 가장 경계해야 할 일이 몇 가지 있는데, 우선 자기 평가 결과에 대하여 확고한 신뢰가 있어야 한다. 자신의 성향에 따라 도출된 진로 분야와 타고난 재능을 토대로 설정한 내용을 검토하여 확신이 서지 않는다면 세부 내용에 대해 잘못 이해했거나 아니면 객관적이고 사실적인 평가가 이루어지지 않았다고 볼 수 있다. 그러므로 평가 항목에 대한 올바른 재해석과 사실적인 평가를 통해 명확한 결과를 도출해야 한다.

그다음으로는 자기 목표를 '특정 직업'으로 한정 짓지 말아야 한다. 대다수의 사람들이 오류를 범하기 쉬운 부분으로, 자신의 성향과 재능으로 할 수 있는 일이 매우 다양하고 또한 시기별로 변화한다는 것을 감안하지 않고 하나의 직업만 선택하여 목표로 삼는다면 여러 변수에 대해서 대처할 수 없게 되는 것이다.

예를 들어 '가수'라고 하는 특정 직업을 선택하려는 사람과 '노래를 통해 사람들에게 감동과 즐거움을 주는 역할'을 하겠다는 사람은 그 준비과정에서부터 큰 차이를 보이게 된다. 가수를 목표로 한 사람은 가수가 될 때까지의 모든 과정을 고생으로 생각하게 되지만 노래를 통해 감동과 즐거움을 주려는 사람은 시작부터 행복한 사람이 되는 것이다. 이렇듯이 우리들의 업(業)은 영원하고 다만 직(職)이 변화할 따름이다.

　마지막으로 경계할 점은 자기의 목표가 실현 가능한 일인지를 판단하는 것이다. 추상적인 개념과 범위를 목표로 설정한다면 결국 현실성이 결여되어 상상 속의 목표로 그치게 될 것이기 때문이다. 자신의 재능을 실현할 수 있는 최종적인 형상을 만들어 내는 것이 무엇보다 중요하며, 그 형상 속에 자신의 성향과 재능이 함축될 수 있도록 해야 한다.

　그러고 난 후에 비로소 행복과 성공의 가치 수준을 설정하는데, 그것이 바로 자기 목표의 범위가 되는 것이다. 사람들에게 아름다움을 선사함으로써 행복을 느끼게 해 주려는 목표를 가진 사람이라면 과연 얼마만큼의 사람들에게 그런 행복을 줄 것인지 범위를 설정하는 것이 필요하다. 지역적으로 우리나라가 될지, 아시아 지역인지, 전 세계를 목표로 할 것인지, 얼마나 오랫동안 지속할지 등에 대해서도 목표를 세우도록 한다.

결론적으로 꿈을 명확하게 해석하기 위해서는 전문가와의 상담을 통해 더욱 사실적이고 객관적인 평가 결과를 도출하여 자신의 성향과 재능을 명확하게 반영하는 목표가 될 수 있도록 해야 한다.

- 자기 평가의 결과 해석은 전문가의 도움을 받을 것

- 자기 미래의 사분면에서 행복한 A그룹으로 목표를 맞출 것

- 현재의 직업 활동에서 A그룹으로 이동하기 위한 방법을 찾을 것

핵심정리 : 내가 찾아낸 것들

1. 당신의 어릴 적 모습과 현재의 모습에서 차이가 있다
   면 언제 무엇에 의해 변화했는지 찾으셨나요?

2. 진정한 당신의 성향과 그에 적합한 진출 분야는 무엇
   인가요?

3. 당신의 대표적인 재능은 무엇인가요?

4. 당신이 찾아낸 행복한 A사분면의 모습은 무엇인가요?

- -

- -

- -

- -

- -

- -

- -

Part 3

제이오비 :
내가 꼭 해야 할 것

1. 꿈을 내 것으로 만들어라
2. 미래를 계획하라
3. 지금부터 변화하라

1 꿈을 내 것으로 만들어라

꿈의 형상

지금까지 자기 자신에 대한 진단, 평가, 목표 설정이 구체적으로 이루어졌다면 이제는 자신의 미래 모습을 상상할 수 있게 되었을 것이다. 그렇지만 왠지 모르게 모호하거나 아직도 미흡한 느낌이 든다면 그것은 자신의 꿈에 대한 현실적 모습이 명확하지 않기 때문이다. 이런 경우에 해야 할 일이 바로 자신의 꿈에 대한 구체적인 형상을 그려 내는 것이다.

자신이 좋아하는 대상을 성향과 맞는 분야에서 타고난 재능을 통해 펼쳐 내는 것이 바로 행복한 직업 활동이라고 했는데, 그것만으로는 충분치 않다는 것은 그 직업 활동의 궁극적인 성과물이 구체적으로 제시되지 않았기 때문이다.

예를 들어 사람들이 멋을 통해 개성을 나타내고 그로써 행복해 질 수 있도록 도와주는 직업 활동이 나의 J.O.B.라고 목표를 설정 했다면, 최종적으로는 그 목표를 어느 정도까지 펼칠 것인지 정하는 것이 필요하다. 세계적인 패션 브랜드를 만들어 내가 죽고 난 후에도 그 브랜드가 지속적으로 세상 사람들의 멋을 충족시킬 수 있게 한다든가 아니면 패션 관련 학교를 설립하여 전문 인력을 양성할 수 있게 하는 것 등이 궁극적인 목표이자 꿈의 형상이 될 수 있다.

이렇게 꿈이 구체적인 형상을 갖추지 못하면 이제껏 고민한 자신의 미래에 대한 생각들은 한낱 뜬구름에 지나지 않는다. 자신이

이 세상에서 존재하는 동안 얼마만큼 큰 기여를 하고 그 결과로써 어떤 가시적인 성과를 남길 것인가는 결국 자신이 결정해야 한다. 바로 그 결정이 자신의 궁극적인 목표이자 행복의 원천이 되는 자기만의 꿈이기 때문이다. 꿈은 누구나 소망하는 목표가 아니라 하늘이 자신에게 내려준 역할을 가장 훌륭하게 해내는 모습이 되어야 한다. 자신의 꿈이 구체적으로 형상화되었을 때 비로소 자기에게 주어진 역할이 분명해지는 것이다.

❀ 거꾸로 인생 설계

점차 인간의 수명이 늘어나면서 이제 100세 시대에서 120세 시대를 바라본다고 한다. 인명은 재천이라고 하여 누구도 자신의 수명을 예측할 수는 없지만 그래도 자신의 미래를 설계하면서 대략적으로 100세를 자신의 수명으로 가정해 본다.

자신의 꿈을 형상화할 때 현재 도출한 자신의 미래 목표에서 발전시켜 나가는 방법이 어렵다면 역으로 미래의 모습을 상상하여 그려 보는 것이 도움이 된다. 내가 죽고 난 후에 세상 사람들이 나를 어떤 사람으로 기억해 줄 것인가? 즉, 나는 무슨 일을 했던 사람으로 기억될까? 혹은 자기의 묘비에는 세상에 어떤 기여를 하고 간 사람으로 기록되어 있길 바라는가? 이런 질문에 스스로 마음에 드는 답은 무엇인지 잘 생각해 보도록 한다.

즉흥적으로 평소 바라던 소원을 말하는 사람도 있겠지만 자신에 대해서 깊이 생각하고 현실적인 측면을 고려해 본다면 쉽게 답하기 어려울 수도 있다. 결국 자신의 모든 요소를 고려하게 되고 궁극적으로 어떤 모습으로 남겨질 것인지 그림을 그려 볼 수 있게 된다. 꿈의 형상이란 결국 자신이 평생 펼치는 직업 활동을 담아내는 그릇이라고도 할 수 있다. 사람들에게 지식을 전해 주기 위해 한평생을 바친 사람이라면 학교와 같은 교육기관이 그런 교육 활동을 담아내는 그릇이 될 수 있다. 또는 인류의 건강한 삶에 기여하려는 사람은 신약이나 획기적인 의술을 개발하는 업적이 의료 활동의 성과를 담아내는 그릇이 되기도 한다.

내 자신이 죽어 가는 순간에 누군가가 전문적인 일에 관해 도움을 요청한다고 가정해 보자. 그런 순간에 세상의 어떤 좋은 조건이라도 내게는 별 소용이 없을 것이다. 죽어 가는 마당에 조건이란 게 다 무슨 소용이겠는가. 그럼에도 불구하고 그 순간 도움을 요청했을 때 죽다가도 기꺼이 해 줄 용의가 있는 일은 무엇이겠는가?

죽는 순간 만큼은 아무 조건에도 구애받지 않고 순전히 자신의 의지에 따라 뭔가를 해 줄 수 있을 텐데, 그 일이 바로 자신의 대표적인 재능인 것이다. 자신의 재능을 발휘하여 이루어 낼 꿈의 구체적인 형상은 바로 자신의 천부적인 재능을 고스란히 담아 후세에 길이 전해 줄 수 있는 종합적인 기능을 갖추어야 한다.

결론적으로 여러분의 꿈은 특정한 직업의 이름이 되어서는 안 된다. 예를 들어 운동선수, 화가, 과학자와 같은 직업 활동을 나타내는 이름은 꿈이 아니라 꿈을 위해 잠시 머물렀던 과정을 말하는 것이다. 정확하게 말하자면 운동 활동을 통해 사람들에게 열정과 희열을 제공하거나 아니면 사람들에게 건강한 삶을 알려주는 역할을 하는 것이 꿈이 되는 것이다. 이 꿈을 구체적으로 형상화한다면 해당 종목을 활성화하기 위한 구단을 만들거나 스포츠 활성화를 위한 방송매체 제작 또는 생활체육의 보급시설을 마련하는 등 실로 다양하다. 자신이 죽고 난 후에 전설적인 운동선수였다고 기억

되는 것도 중요하지만 해당 운동 종목이 활성화되어 사람들의 건강 증진에 기여할 만한 가시적인 성과물을 남긴다면 그 사람의 삶이 더욱 가치 있는 노력으로 평가받지 않을까?

✳ 꿈과 현실

청소년들이 주위에서 많이 듣는 말로는 '꿈을 가져라', '꿈은 이루어진다', '꿈이 있어야 행복하다' 등 희망적인 메시지가 많다. 그런 말을 해 주는 기성세대는 마치 자신들은 늦었으니 못다 한 한을 풀어 달라는 식으로 하는 경우가 많다. 그러나 꿈이란 남녀노소를 막론하고 누구에게나 언제든지 열려 있다. 이미 늦었다는 생각은 자신만의 착각일 뿐 결코 늦은 것은 없다. 어린 시절에만 가질 수 있는 것이 꿈이라고 착각하는 사람이야말로 이 시대의 패배자인 셈이다.

또 다른 착각은 꿈과 현실을 서로 다른 것으로 인정하는 것이다. 흔히 꿈에 대해 말할 때 보랏빛 혹은 핑크빛이라는 색깔로 비유한다. 그만큼 환상적이라는 뜻과 함께 현실과는 거리가 멀다는 선입

견을 갖게 된다. 그러다 보니 꿈은 꿈이고 현실은 현실이라고 착각하기 쉬운데, 꿈과 현실은 절대로 동떨어진 개념이 아니다. 올바른 꿈을 가졌을 때 비로소 현실이 꿈으로 바뀌어 가는 것이다.

자신의 꿈을 이상적으로만 구상하다 보니 현실로 돌아왔을 때에는 꿈을 잊어버리고 현실에 급급한 삶을 살아가는 것이다. 자신이 좋아하는 것을 자신에게 적합한 분야에서 자신의 천부적 재능을 바탕으로 펼쳐 낼 때 이룰 수 있는 궁극적인 목표를 자신의 꿈으로 결정한다면 결국 그 꿈을 향해 전개해 나가는 인생 계획이 얼마나 현실적인 것인지 알게 된다. 많은 사람들이 꿈에 대해 잘못 알고 있기 때문에 현실적인 삶과 동떨어진 이상만을 추구하며 방황하고 있는 셈이다.

그러므로 반드시 자신의 꿈을 구체적으로 형상화해야만 마이 제이오비를 견고하게 유지할 수 있다. 사람들은 망각의 동물이라고 할 정도로 자신의 꿈을 세우고 인생을 계획했으면서도 하루하루를 살아가면서 또다시 흔들리기 쉽다. 자기 삶의 큰 그림을 자꾸 잊어버리기 때문이다. 구체적인 꿈을 갖지 못한 사람은 더 잘 잊어버리고 그래서 현실의 삶이 더 힘들어지는 것이다.

자신의 꿈을 구체적인 형상으로 갖고 있다면 비록 지금 처한 현실이 힘들거나 어려울 때도 자신의 꿈을 되새기면서 오히려 힘을 얻거나 긍정적으로 받아들이게 된다. 지금은 힘들고 고생이 될지 몰라도 이런 노력들이 결국 자신의 꿈을 이루게 하는 필수과정이라는 확신을 할 수 있기 때문이다.

- 꿈은 궁극적인 인생 목표를 표현하는 구체적인 형상으로 제시할 것

- 꿈은 타고난 재능을 후세에 길이 전해 줄 수 있는 가시적인 성과물

- 꿈과 현실은 튼튼한 연결고리로 이어진 공존 관계

2 미래를 계획하라

❀ 인생의 마스터플랜

자신의 역할에 대해 확신을 하고 미래 꿈의 형상이 명확히 그려졌다면 이제는 현실적으로 꿈을 이루어 가기 위한 실행 계획이 수립되어야 한다. 인생의 마스터플랜은 결국 자신의 꿈을 이루기 위해 지금 해야 할 일이 무엇인지 알려 주는 중요한 작업이다. 좋은 성과를 내기 위해서는 항상 목표가 명확해야 하고 그에 대한 실행 계획이 타당해야 한다. 이러한 논리는 우리 인생에도 그대로 적용되며 예외는 없다. 설령 아무런 목표도 계획도 없이 좋은 성과를 냈다고 해도 그것은 일시적인 우연이거나 결코 지속되기 어려운

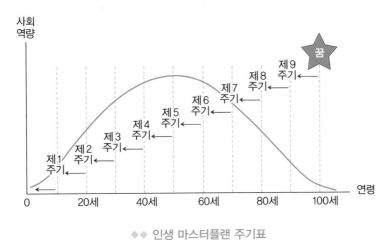

◆◆ 인생 마스터플랜 주기표

요행일 것이다.

　인생 마스터플랜을 세우는 방법은 자신의 꿈이 형상화되는 단계에서부터 거꾸로 내려오는 것인데, 주로 10년 주기로 목표를 세운다. 인생 그래프를 참고해 보면 인생 마스터플랜의 주기표를 만들 수 있다.

　사람마다 꿈의 형상을 이루는 시기는 서로 다를 수 있기 때문에 정확히 몇 살이라고 단정 지을 필요는 없다. 자신의 꿈이 대략 어느 정도에 완성될 것이라고 짐작한다면 그 시점에서 10년 전에는 최소한 어떤 것들을 준비해야 하는가를 계획한다. 예를 들어 100세에 자신이 설립한 교육기관에 몸담고 있으면서 교육이념을 실천하고 있는 모습이 꿈의 형상이라고 한다면, 그로부터 10년 전인 90세에는 무엇을 준비해야 할 것인가를 정해야 한다. 그렇게 하면 90세에 이미 갖춰 놓아야 할 것이 정해지고 이를 위해 10년 전인 80세에 준비해야 할 계획들이 나오게 된다.

이런 식으로 거꾸로 계획해 오면 자신이 처해 있는 지금의 현실에서 무엇을 준비해야 하는지 찾을 수 있게 된다. 만일 지금 나이가 23세라면 자신의 꿈에서 거슬러 내려오면서 30세에 갖춰야 할 것들이 무엇인지 알게 되고, 그것을 성취하기 위해 20대에 준비해야 할 일들이 무엇인지, 그리고 현재 23세에는 무엇을 우선순위로 추진해야 하는지도 구체적으로 파악할 수 있다. 이렇게 함으로써 30대를 위한 10년 동안의 준비사항이 계획되고 그에 따라 바로 지금 자신이 해야 할 일이 무엇인지 명확하게 나타나서 그 일에 집중할 수 있게 된다.

✿ 인생의 4대 기둥 : 강·인·무·재

『마이 제이오비』에서는 주로 자신의 역할을 중심으로 하는 직업 활동에 초점을 맞추고 있지만 궁극적으로는 행복한 삶을 위한 조건들을 설명한다. 인생의 마스터플랜을 수립할 때 고려해야 할 네 가지 요소가 있는데, 이를 행복한 인생을 위한 4개의 기둥이라고 말하고 싶다. 즉, 행복해지기 위해 절대적으로 균형을 맞추면서 살아가야 할 네 가지 필수 요소는 바로 강(康)·인(人)·무(務)·재(財)이다.

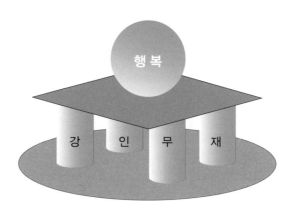

◆◆ 행복한 인생의 4대 기둥 : 강·인·무·재

1. 강(康)

첫째로 건강에 관한 것이다. 편안할 강(康)으로 표현하는 건강의 개념은 절대로 힘이 세거나 튼튼함만을 의미하는 것이 아니다. 심신이 편안한 상태를 유지하는 것이 바로 건강의 참뜻인 셈이다. 그러므로 자신의 몸과 마음에 가장 편안한 상태가 어떤 것인지 정확하게 알고 있어야 하며, 그것을 유지하기 위해 노력해야 할 것이 무엇인지 선택해야 한다. 일상생활에서 건강을 유지하기 위해서는 자고 일어나고 먹고 움직이는 네 가지를 자신에게 적합한 것으로 선택하여 꾸준하게 지켜야 한다.

2. 인(人)

둘째로 사람에 관한 것이다. 사회적 동물인 인간은 자신의 주위에 있는 사람들과 관계를 맺고 상호 영향을 주고받으며 살아간다. 행복한 삶이란 어떤 사람들과 어떤 관계를 맺고 어떻게 지내는지에 따라 결정된다. 그러므로 자신과 가장 가까운 가족, 친지, 교우, 동료 등 어떤 대상들과 어떤 관계를 형성하고 어떻게 유지할 것인가를 정하여 지속적으로 행하는 것이 필요하다.

3. 무(務)

셋째로 일에 관한 것이다. 자신이 부여받은 역할에 대해서 사명과 목표의식을 갖고 추진해 나가는 것이다. 자신의 꿈을 위해 추구해야할 일들도 세부적으로 구분하면 몇 가지가 되는데, 각각의 일마다 성취해야 할 세부 목표를 세우고 일정에 따라 진행하는 것이다.

4. 재(財)

넷째로 재산에 관한 것이다. 소위 재테크를 말하는 것으로, 돈을 벌어야 한다는 것이 아니라 자신의 삶에서 필요로 하는 경제적 요구에 대한 준비를 하라는 것이다. 재물이라고 하는 것은 쓰자고 들면 한없이 모자라고 벌려고 덤비다가는 정작 중요한 것을 잃기도 한다. 자신의 역량에 따라 현명하게 관리하는 방법으로, 절약하여 저축하거나 규모에 관계없이 능력에 따라 투자할 수도 있고 보험과 같이 미래의 위험에 대비할 수도 있다.

✿ 연간 계획의 수립

10년 주기로 현재 시점에서 해야 할 일들이 명확해졌다면 당해 연도의 실행 계획을 수립하도록 한다. 모든 계획은 큰 줄기에서부터 분류해 나가는 것이 바람직하다. 따라서 연간 목표가 세워졌다면 그것을 우선 6개월 단위의 반기별 목표로 구분한 후 다시 3개월 단위인 분기별 목표로 세분화한다. 이렇게 하여 모두 4개의 분기별 목표가 생겼다면 다시 월별로 세분화하고 그것을 주별, 일별 등과 같이 구분하여 궁극적으로는 이번 주에 해야 할 일과 오늘 해야 할 일까지도 계획할 수 있도록 한다.

연간 계획표는 행복한 인생의 4대 기둥인 '강 · 인 · 무 · 재'를 대분류로 하여 각각 중분류, 소분류 등으로 구체화하여 계획을 세우도록 한다. 작성 사례에서 보는 바와 같이 자신에게 적합한 '강 · 인 · 무 · 재'의 세부적인 계획을 구분하여 중분류와 소분류로 정한다.

그리고 난 후 소분류 항목별로 구체적인 목표를 정하는데 이것은 가급적이면 계수화하도록 한다. 목표를 달성하려면 그 목표가 숫자로 표현될 수 있어야만 성과를 측정할 수 있기 때문이다. 예를

■■ 워크시트 : 연간 계획표 작성 사례

구분					1월	2월	3월
대분류	중분류	소분류	목표	활동			
강	몸	기침 섭생 운동	07:00~23:00 1일 2식 규칙 3kg 감량	매일 채식 식단 헬스장			
	정신	기도생활 명상	주일 미사 30분 규칙	매일 기도 일 1회			
인	가족	부모 배우자 친지 자녀	매일 안부 상호 존중 소통	전화, 방문 격려, 인정 이해, 인정			
	사회	직장동료 동호회					
	친구	동창					
무	사회	강연 저술	연 30회 이상 연 2권	집필			
	자기 계발	취미 학습	어학 자격	학원 수강			
재	소득	급여 급여 외	월 ○○ 이상	외부 활동			
	저축	정기성 투자	월 ○○ 이상				
	위험	보험 재무	재무비율 0%	부분 상환			

들어 운동의 목표가 건강해지는 것이라면 나중에 얼마나 건강해졌는지 확인할 수가 없다. 운동의 경우라면 체중 감량의 목표를 명확하게 몇 개월 동안 몇 킬로그램으로 할 것인지 혹은 비만 수치를 현재보다 얼마만큼 낮게 할 것인지와 같이 계수화하는 것이다.

이런 식으로 '강·인·무·재'에 대한 세부적 활동 목표를 설정하고 이에 대한 추진일정을 1월부터 12월까지 주 단위로 작성한다. 이렇게 자신이 1년 동안 추진해야 할 일들을 일목요연하게 보여 주는 연간 계획표를 작성하고 정기적으로 점검함으로써 일정에 따른 추진경과를 스스로 파악할 수 있게 한다.

- 꿈의 형상에서 거꾸로 10년 주기로 인생 마스터 플랜을 세울 것

- 행복한 인생을 위한 네 가지 기둥, 강·인·무·재 의 균형을 잡을 것

- 연간 계획을 통해 지금 해야 할 일을 명심할 것

지금부터 변화하라

❀ 변화하기

세상에서 유일하게 변하지 않는 것은 '변한다'는 말뿐이라고 한다. 농담처럼 들리겠지만 정말이지 모든 것이 변해 가는 세상이다. 대부분의 사람들이 새해 첫날이 되면 자신의 나쁜 습관을 고치기 위해 희망적인 목표를 세우고 변화하기 위해 노력한다. '변한다'는 말처럼 변하지 않는 것이 바로 자신의 나쁜 습관이 아닌가싶다.

작심삼일이라는 말이 있듯이 최근 통계를 보면 새해에 세운 계획들이 3개월이 지나면 대부분 수포로 돌아간다고 한다. 건강을 위해 동네 헬스클럽에 가서 연간회원으로 등록한 적이 있다. 비용을 따져 보니 1개월보다는 1년으로 하는 것이 훨씬 저렴했기 때문이다. 운동을 못 하면 샤워라도 해야지 하는 속셈도 작용했다. 지속적으로 운동을 하려면 집에서 가까운 곳에서 하라는 말도 들은 바가 있어 집에서 오가는 길목에 위치하고 운동복과 신발도 대여해 주는 곳으로 선택하는 등 매우 치밀한 계획을 세웠다. 하지만 1년이 지난 후에 따져 보니 엄청 비싼 샤워만 몇 번 한 셈이 되었다.

나처럼 생각이 많은 유형의 사람들은 변화에 약하다. 변화를 가져오려면 계획도 중요하지만 실천이 더욱 필요하기 때문이다. 생각이 많으면 아주 치밀한 계획을 잘 세운다. 빈틈이 없어 완벽할 정도이다. 그러나 대부분 실패한다. 행동으로 옮기지 않기 때문이다. 변화를 두려워하지 않으려면 행동이 우선되어야 한다.

그래서 나는 일명 '나이키 정신'을 내 자신에게 강조한다. 유명 스포츠 브랜드인 나이키 광고를 보면 항상 나오는 문구가 바로 'Just do it'이다. 스포츠 활동에서 매우 적합한 문구라고 생각한다. 아주 간결하지만 그 메시지는 강렬하다. 어떤 이유를 댈 필요가 없다. 하기로 했으면 그냥 하면 되지 무슨 말이 필요하겠는가. 거창

하고 치밀한 계획은 오히려 방해가 될 수 있다. 목표가 명확하게 정해지고 해야 할 일들이 주어졌다면 이제는 'Just do it'이다. 생각하고 뛸 것인지 뛰고 나서 생각할 것인지는 자유이지만 변화를 추구한다면 이제는 뛰어야 할 시점이다.

관리해야 발전한다

기업조직의 경영에서만 관리가 필요한 것이 아니라 우리 일상생활에서도 많은 관리가 이루어진다. 개인적으로도 건강관리, 자산관리, 피부미용관리, 학업관리 등 다양하다. 세상사가 모두 관리해야 할 대상처럼 보인다. 우리가 매사에 관리를 중시하는 이유는 무엇일까? 그것은 바로 좋은 성과를 기대할 수 있기 때문이다.

관리가 허술하거나 안 되면 반드시 문제가 발생하기 마련이다. 반면에 아무리 오래된 물건이라고 할지라도 관리가 잘 되어 있다면 그 가치가 더욱 높아질 수도 있다. 같은 연대에 만들어진 도자기라도 관리가 잘 된 것은 명품의 가치를 인정받지만 여기저기 훼손된 물건의 값어치는 바닥으로 떨어지기 마련이다.

이렇게 우리와 밀접하게 연관된 관리의 개념은 과연 무엇인가. 관리를 잘하고 싶다면 먼저 관리의 개념부터 명확히 알아야 한다. 개념적 정의를 강조하는 이유는 그 안에 우리가 원하는 답이 있기 때문이다. 관리의 개념을 알기 쉽게 정의하기 위해서 'PDCA 관리 사이클'을 소개한다.

PDCA 관리 사이클은 효율적인 관리를 위한 4단계 관리 기법인

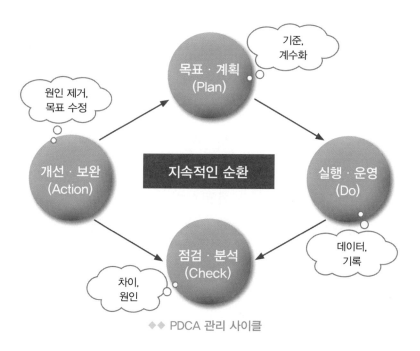

◆◆ PDCA 관리 사이클

데, 'Plan', 'Do', 'Check', 'Action'의 알파벳 첫 글자를 따서 만들어진 것이다. 첫 번째 단계는 계획단계이다. 관리를 하기 위해서는 우선 목표가 있어야 하므로 이에 대한 계획이 필요하다. 목표를 설정할 때에는 반드시 측정할 수 있도록 계수화해야 한다. 목표라는 것은 숫자로 표현할 수 있어야만 측정할 수 있고 측정할 수 있어야 관리가 되기 때문이다. 단순하게 공부를 열심히 하자는 목표보다는 구체적인 점수로 표현하는 것이 바람직한 목표 설정이다. 그리고 그 목표를 달성할 수 있도록 구체적인 실행 계획을 세우도록 한다.

두 번째 단계는 실행단계인데 앞에서 마련한 실행 계획에 따라 실천하는 것이다. 이 단계에서 가장 중요한 것은 실행한 내용을 기록하여 데이터로 보관하는 일이다. 대부분의 사람들이 관리를 못하는 핵심적인 이유가 바로 실행에 대한 기록에 취약하기 때문이다. 운동을 아무리 열심히 했다고 해도 얼마만큼 어떻게 했는지에 대한 기록을 남기지 않으면 나중에 운동 성과가 안 좋을 경우 무엇이 원인인지 파악하기 어려울 수밖에 없다.

세 번째는 점검을 하는 단계로 목표와 실행 결과의 차이를 비교하고 그 차이에 대한 원인을 분석하는 것이다. 즉, 잘못된 부분에 대한 주요 문제를 찾아내는 단계이다. 이 단계에서 하는 일은 매우 간단하다. 목표와 성과의 차이를 비교하고 차이가 발생한 경우에는 데이터를 분석하여 무엇이 핵심 원인인지 파악하는 것이다. 이를 위해서는 두 번째 단계에서의 데이터가 반드시 필요하다. 점검단계에서 해야 할 것 중에 가장 중요한 것은 정기적으로 점검하는 일이다. 생각나면 하고 잊어버리는 것이 아니라, 매주 혹은 매달 등과 같이 정기적으로 점검하여 문제의 원인을 파악하는 것이 요요현상을 방지할 수 있는 관리의 핵심이기 때문이다.

마지막으로 네 번째는 문제의 개선과 보완을 담당하는 실행단계이다. 이미 파악한 문제의 원인들을 어떻게 보완하여 성과를 개선할 것인가를 담당하는 것으로, 주로 문제가 되는 요인들을 처리하거나 아니면 목표 자체를 수정하는 등의 보완을 통해 발전적인 성과를 도모하는 것이다.

이와 같이 네 단계를 거쳐 처음에 목표한 바를 성공적으로 달성하기 위해서는 반드시 지켜야 할 것이 있다. 그것은 바로 지속적 순환이라는 것이다. 그래서 PDCA 관리를 '사이클cycle'이라고 부르는 것이다. 단 한 번의 관리과정을 거쳐 문제가 개선되었다고 그만두는 경우가 허다하다. 이런 요식행위와 같은 관리는 차후에 고질적인 병폐를 가져오는 나쁜 습관으로 자리 잡을 수 있는 위험이 많으므로 때문에 아예 처음부터 하지 않는 편이 낫다. 제대로 된 관리라면 지속적으로 순환하여 더욱 발전적인 성과를 도모하는 것임을 잊지 말아야 한다.

내 인생의 목표 1111

건강하고 행복하게 잘 살아야겠다는 마음가짐은 항상 새해 아침에 하게 된다. 그러나 치열한 삶의 현장에서 지내다 보면 잘 살겠다는 목표는 한낱 뜬구름에 불과하다. 그래서 나는 계수화된 목표를 세웠다. 이름하여 '1111'이다.

1,000은 교육계에 종사하는 사람답게 평생 1,000명 이상의 제자를 양성하겠다는 목표이다. 단순히 강의를 통해 만난 사람이 아니라 그 사람의 인생에 도움을 줄 수 있는 관계의 제자를 말한다.

100은 평생의 연구업적을 목표로 한 숫자이다. 물론 연구를 하는 데 양적 목표가 무슨 소용이 있겠는가. 하지만 최소한 목표를 세워 두어야 연구에 충실할 것 같아서 스스로 족쇄를 채운 셈이다.

10은 좋은 책을 열 권 이상 펴내는 일이다. 사람들에게 사랑과 인정을 받을 수 있어야 하는데 열 권이라면 큰 욕심이 아닐 수 없다.

마지막 1은 교육기관을 설립하는 목표이다. 마음에 둔 곳은 바로 '라오스'인데 개인적인 인연으로 내 미래를 위해 씨앗을 심어 둔 곳이다. 내가 꿈꾸는 이상적인 교육을 실현시킬 그런 학교를 생각만 해도 행복하다.

✽ 매일 행복이 자라는 백감자

 행복한 삶의 목표를 세우고 구체적인 실행 계획에 따라 하루를 살다 보면 본래의 취지와는 달리 지치고 힘들 때가 많다. 행복한 인생을 살기 위해 힘차게 달리고 있는데도 어제와 오늘이 영 다를 때가 있다. 어떤 날은 의욕이 넘치고 세상이 아름답다가도 어떤 날은 몸이 축 처지고 우울해지기도 한다. 분명히 내 역할을 잘 수행하고 있는데도 행복하다고 느끼지 못하는 것은 왜 그럴까.

 매사에 자기중심을 잃지 않고 믿음이 충만하여 살아가는 사람들은 언제나 한결같은 모습을 유지할 수 있다. 하지만 그 믿음이 약하거나 흔들리는 사람들은 평온함을 유지하기 어렵다. 그래서 믿음이 있는 사람은 항상 기도하면서 자기중심을 바로잡는다. 종교적인 믿음이 아니더라도 일상에서 자신을 느끼며 균형을 유지할 수 있도록 '백감자'라는 간단한 프로그램을 소개한다.

 '백감자'는 일백 백(百), 느낄 감(感), 스스로 자(自)로 조합된 말이다. 즉, 자기 자신을 100퍼센트 느끼도록 하라는 의미이다. 하루를 지내다 보면 어느새 자기 자신을 잃어버리는 경우가 허다하다.

하루 중에서 자기 자신을 느끼는 순간이 얼마나 될까. 아침에 일어나면서 몸이 무겁다고 느끼거나 밤에 잠자리에 들면서 '아, 피곤해'라고 한다거나 아니면 배가 고프다거나 화장실을 가야겠다는 등 생리적인 현상에서 느끼는 경우가 대부분이다. 일부러 자신에 대해 느낄 시간적 여유를 갖지 않는다면 아마도 자신을 망각한 채 살아가는 것이 오늘날 현대인의 삶 전부가 아닐까.

우리 건강에 이상이 생기는 것에는 여러 가지 이유가 있다. 온갖 질병을 일으키는 원인이 있는데 일일이 막아 내기란 무척이나 어렵다. 그렇지만 예방 차원에서 많은 노력을 하는 사람들은 상대적으로 건강한 삶을 영위한다. 그중에서도 자신의 정신적·육체적 균형을 유지하려는 노력은 매우 중요하다. 지나치게 육체를 혹사시키거나 머리만 과도하게 사용한다면 금세 무리가 오고 병이 찾아든다. 정신과 육체가 균형 있게 유지될 때 우리는 건강한 모습을 유지할 수 있다. 따라서 매일 자신의 상태가 정신적·육체적으로 균형을 이루고 있는지 점검하고 확인해야 한다.

백감자는 아침에 일어나자마자 바로 실시한다. 아침에 눈을 뜬 후 자신의 몸과 마음의 상태를 대략적으로 측정한다. 현재 자기 컨디션이 100점 만점에 몇 점이나 되는지 평가한다. 몸이 무겁다고 느끼는 사람은 약 50점 혹은 더 나쁘다고 느끼면 30점 정도를 부여한다. 그리고 그 이유를 육체적·정신적 차원에서 찾아본다. 전날 과음하여 몸이 안 좋은 건지 아니면 정신적 스트레스가 과해서 그런 것인지 파악하는 것이다.

이렇게 매일 아침마다 자신의 건강 상태를 점수로 파악했다면 그날 밤에 잠자리에 들기 전까지 건강점수를 몇 점까지 올릴 것인지 목표를 세운다. 예를 들어 아침에 30점인 사람은 잠자리에 들기 전까지 최소한 80점은 만들어 놓겠다는 목표를 세우는 것이다. 아침의 상태가 육체적인 문제인지 정신적인 문제인지에 따라서 그날 컨디션 회복을 위한 처방이 달라질 것이다. 육체적인 원인으로 몸이 안 좋다면 충분한 휴식이나 병원 처방 등을 통해 회복시키도록 하고, 정신적인 원인이라면 스트레스 해소를 위한 가벼운 운동이나 스트레스 원인이 되는 문제 해결에 치중해야 할 것이다.

이렇게 하여 자신을 느낄 수 있는 감각적 능력이 100퍼센트에 이르도록 매일 훈련하는 것이다. 아침에 일어나자마자 점검을 하고 하루 일과 중에도 수시로 자기 진단을 하여 현재의 컨디션이 몇 퍼센트 가동 중인지 확인하고 그 부족한 부분의 원인이 육체적인 것인지 정신적인 것인지 찾아내어 100퍼센트가 되도록 보충하는 노력이 필요하다. 그리하여 잠자리에 들 때에는 반드시 80~90퍼센트 이상으로 충족된 상태가 되는 것이 매일의 목표가 되는 것이다. 이렇게 백감자 프로그램을 통해 항상 자신감이 충만하고 건강해지는 삶을 영위하도록 한다.

- Just do it, 변화하기 원한다면 지금부터 시작하라. 생각하고 난 후에는 뛰기 어렵다. 뛰고 나서 생각하면 최소한 변화는 시작된 것이다.

- 관리하지 못하는 변화는 오히려 위험할 수 있다. 지속적인 순환이 동반되어야 관리의 성과를 기대할 수 있다.

- 수시로 자신을 느끼도록 훈련하라. 자신을 100퍼센트 느끼게 된다면 자신감과 건강을 다 이룬 셈이다.

핵심정리 : 내가 찾아낸 것들

1. 『마이 제이오비』에서 찾은 자신의 꿈이 이상적인 꿈이 되지 않게 하기 위해서는 구체적인 형상으로 그려야 합니다. 당신 꿈의 형상은 무엇인가요?

2. '인생 마스터플랜'은 10년 주기로 생애 마지막 시점부터 거꾸로 만들어 가는 것입니다. 당신만의 '인생 마스터플랜'을 만들어 보세요.

3. 행복한 인생의 4대 기둥은 '강 · 인 · 무 · 재'입니다. 당신 인생에서 필요한 '강 · 인 · 무 · 재'는 무엇인지 구체적으로 작성해 보세요.

4. 변화에 필요한 두 가지는 지금 변화하기와 관리입니다. 당장 변화할 것과 관리할 내용들을 정리해 보세요.

5. 지금 당신의 백감자는 몇 퍼센트입니까? 100퍼센트가 되려면 무엇이 필요한지 스스로 처방을 내리고 치료하세요.

- -

- -

- -

▶▶ 총정리

Part I : 공감	Part II : 탐색	Part III : 변화
나만의 사명 Joy of Being 성공의 범위	좋아하는 것 성향 · 분야와 재능 행복한 A 사분면	Just do it PDCA 사이클 백감자 건강법

KIM(keep in mind)'s Lessons

1. 무엇이 되기보다 어떻게 살 것인가에 초점을 둘 것

2. 절대로 남과 비교하지 말라. 자신에게 집중하고 찾아낼 것

3. 내게 주어진 사명을 찾아 세상에 널리 베풀도록 할 것

꿈이 무엇인지도 모르던 어린 시절에 "나는 나중에 대통령이 될 거야, 군인이 될 거야, 간호사가 꿈이야"라고 당당히 말하는 또래 친구들을 보면 무척이나 부러우면서도 한편으로는 내심 걱정이 되기도 했다. 저 아이들은 어쩜 저런 말을 잘 할 수 있는지, 저러다가 안 되면 어쩌려고 그러는지. 그러는 사이 어느새 나도 주위에서 넌 커서 뭐가 되고 싶냐는 질문을 듣게 되었고 그럴 적마다 사장님이 되고 싶다는 그다지 내겐 의미 없는 말로 대처하곤 했다.

직업에 대해 조금이나마 알게 된 지금은 어린 시절 사업가의 꿈이 얼마나 허황되고 터무니없는 것이었는지 깨닫게 된다. 사장은 아무나 하나, 내 재능과 적성을 보면 사업하곤 얼마나 거리가 먼데. 사업에 대한 욕심은 있지만 결국 사업을 통해 버는 돈에 대한 욕심이지 사업 자체에 대한 욕심은 전혀 없다는 걸 알게 된 것이다.

인생을 살아가면서 자신에 대해 깨닫게 되면 '그것을 어린 시절부터 알았더라면 얼마나 좋았을까' 하는 아쉬움이 커진다. 미리 알았더라면 그동안의 내 삶이 바뀌었을 거라는 상상보다는 지나온 과정의 매 순간들이 더 행복했을 거라는 생각이 앞서기 때문이다.

젊은 시절, 내 인생에 대한 깊은 고민을 통해 찾은 나의 재능과 적성에 맞는 분야에 따라 난 결국 교육자의 길을 걷고 있다. 물론 다양한 경로를 통해 지금의 모습을 하고 있지만 만일 내가 처음부터 대학 교수만을 목표로 준비했다면 그동안의 시간은 물론이고 현재에도 지금 내가 느끼는 행복감은 없었을지도 모른다. 오히려 대학 교수가 되고 난 후 일종의 성취감에 따르는 허탈함으로 인해 점차 그에 안주하고 정체하는 삶이 되지는 않았을까 하는 염려도 해 본다.

내가 좋아하는 '음식'이라고 하는 대상에 내 능력 중에서 그나마 나은 '남에게 설명하여 이해시키는 능력'을 결합하여 음식과 관련된 내용을 남에게 설명해 주는 업을 하기로 결정했던 20대 후반의 꿈은 대학 교수가 아니었다. 특정한 직업 형태를 정하지 않고 평생 음식과 관련된 내용을 알려 주는 일에 종사하고 싶다는 생각만 했던 것 같다. 그래서 돌이켜보니 호텔에서 음식도 만들고 기업체에서 음식을 제공하는 업무에도 종사했으며 지금은 강단에서 그와 관련된 내용을 가르치는 일을 하고 있다.

만일 나의 꿈이 대학 교수로 한정지었다면 꿈을 이룬 지금부터 내 인생은 하향길에 접어들 것이다. 그렇다면 내 인생은 과연 행복할 것인가. 당연히 그렇지 못할 것이다. 그래서 나는 40대에 들어서면서 진정한 나의 꿈을 위해 새로운 목표를 선택하였고 지금은 그 목표를 달성하기 위해 여러 가지 계획을 추진하는 과정에 있다.

나의 꿈은 어느 시점에서 마치는 것이 아니다. 왜냐하면 나의 꿈은 계속해서 커지기 때문이다. 인생을 배워 가면서 내 꿈도 함께 성장한다. 꿈을 이루기보다는 꿈에 가까이 가기 위해 오늘도 나는 다양한 방법으로 활동을 계속하며 변화해 갈 것이다.

『마이 제이오비』를 통해 당신의 참모습을 성공적으로 찾길 바라며 그래서 행복하게 된다면 나 또한 더할 나위 없이 행복할 것이다. 왜냐하면 여러분들이 행복해지도록 돕는 일이 내가 또다시 꿈꾸는 '마이 제이오비'이기 때문이다.